braumüller

CORNELIUS RIESE

Wahrhaftigkeit

GESCHICHTEN ZU
GESELLSCHAFTLICHEN FRAGEN
UNSERER ZEIT

braumüller

Die Veröffentlichung erfolgt seitens des Autors als Privatperson.

Bibliografische Information der Deutschen Nationalbibliothek
Die Deutsche Nationalbibliothek verzeichnet diese Publikation in der
Deutschen Nationalbibliografie; detaillierte bibliografische Daten
sind im Internet über http://dnb.d-nb.de abrufbar.

Alle Rechte, insbesondere das Recht der Vervielfältigung und Verbreitung
sowie der Übersetzung, vorbehalten. Kein Teil des Werkes darf in irgendeiner Form (durch Fotokopie, Mikrofilm oder ein anderes Verfahren)
ohne schriftliche Genehmigung des Verlages reproduziert oder unter
Verwendung elektronischer Systeme gespeichert, verarbeitet, vervielfältigt
oder verbreitet werden.

1. Auflage 2021
© 2021 by Braumüller GmbH
Servitengasse 5, A-1090 Wien
www.braumueller.at

Cover Montage: © Shutterstock/wavebreakmedia, © Shutterstock/SusaZoom
Druck: FINIDR, s.r.o., Lípová 1965, 737 01 Český Těšín
ISBN 978-3-99200-317-4

Inhalt

Entführung und Erwachen 7

Erkenntniszirkel 22

Forschungsreise 35

Nahestehende Personen 42

Nutritheismus 87

Talkshow 94

Verlies 110

Wahrhaftigkeit 119

Entführung und Erwachen

I.

Es überraschte ihn nicht, entführt zu werden – den unmittelbaren Prozess der Entführung hatte er sich allerdings verdrießlicher vorgestellt. Der Sack, der ihn vom Kopf bis zur Hüftregion bedeckte, war weicher als vermutet, fast samtähnlich. Die Entführer umgab ein angenehmer Körperduft. Die Autofahrt im Kofferraum war – wohl dem höherwertigen Modell geschuldet – zumindest erträglich. Zugleich bot sich die sonst im Alltag doch seltene Möglichkeit einer vollständigen geistigen Fixierung auf die gegenwärtige Situation und damit die Abwesenheit von anderen vermeintlichen Mühseligkeiten sowie analogen und digitalen Ablenkungen.

Seine Gedanken kreisten um die Fragen des Wohins (er wohl transportiert würde), des Warums (man diesen Transport mit ihm unternahm) und des Womits (er diesen wohl verdient habe).

Ein Mangel an Strebsamkeit würde in diesem Zusammenhang kein hinreichendes Erklärungsmuster bilden können. Aus einfachen bürgerlichen Verhältnissen entstammend hatte er stets mit instrumenteller Hingabe an seinem beruflichen Fortkommen gearbeitet und zweckdienliche fachliche, methodische und persönliche Kompetenzen perfektioniert. Die Partitur aus Analyse und Dialog, aus Orientierung und Empathie wusste er zu lesen und zu spielen.

Folgerichtig brachte dies einen schrittweisen Aufstieg mit sich. Inzwischen war er eine zentrale Figur in der ihn beschäftigenden Firma und damit auch – auf niedriger Relevanzhöhe – eine Person des gesellschaftlichen Lebens. Hierbei zeichnete ihn aus, dass er an den gewöhnlichen Ritualen und Insignien von Aufstiegsbiografien und innerbetrieblichen Wettbewerben keinen Gefallen fand.

Ungeachtet dessen war er mit dem kürzlichen Vorbeiziehen des fünfzigsten Lebensjahres im dauerhaften Widerstreit mit emotionalen Kategorien wie Zufriedenheit und Glück. Die berufliche Etablierung brachte einen regelmäßigen inneren Spannungszustand zwischen Überforderung und Über-Ambition mit sich, den die Demut meist nur notdürftig schlichtete.

Die soziale Karawane an persönlichen Beziehungen in seinem Leben war quantitativ stärker ausgeprägt als qualitativ. Er war unschlüssig, ob diese weitgehend bindungsfreie Konstellation, ebenso wie die Abwesenheit einer eigenen Familie, eher dem eigenen Unwillen oder einem Fähigkeitenmangel anzulasten war.

Diese komprimierte Lebensinventur erlaubte für zwei der aufgeworfenen Fragen thesenartige Antworten: Materielle Motive der Entführer dürften ursächlich für seine aktuelle horizontale Lage im Kofferraum sein. Gleichzeitig erschien sie mit Blick auf die anspruchsvollen Dimensionen von Schuld und Gerechtigkeit jedoch unverdient.

Die Beförderung durch das Auto glich in allem, insbesondere in der Akustik, mehr einem Gleiten als einem Fahren. Auch der Stillstand trat eher sanft ein. Zügig öffnete sich der Verschluss seiner temporären Unterbringung und ländliche Wahrnehmungen strömten in seine Kajüte. Er empfand die Koinzidenz seiner persönlichen Situation und der friedvollen Laute und Gerüche von landwirtschaftlichen Nutztieren als irritierend. Außerdem hatte er sich schon immer stärker der Kategorie der Stadtmenschen zugehörig gefühlt.

Nachdem er geschäftsmäßig aus der mobilen Unterkunft befreit worden war, wurde ihm ein kurzer Augenblick der physiotherapeutischen Erholung gewährt und anschließend mit knappen prägnanten Direktiven der Weg gewiesen. Trotz seines Komforts erfüllte der Sack weiterhin seine ihm zugedachte Funktion und verhinderte jegliche optische Wahrnehmung.

Er bemerkte, dass sie ein Gebäude betraten und auf knarzenden Dielen einen oder mehrere Räume durchschritten. Die Krönung dieses kurzen Marsches kam unerwartet; nahezu gleichzeitig wurde ihm der ständige Begleiter der letzten Stunden vom Körper abgezogen, ein leichter Tritt ließ ihn etwas nach vorne taumeln und eine Tür fiel hinter ihm ins Schloss.

Seine Augen benötigten eine kurze Phase der Rekonvaleszenz, bis sie wieder ihre gewohnte Funktionsfähigkeit erreichten. Was er vor sich erblickte, genauer gesagt, worin er sich befand, würde in Metropolen wahrscheinlich mit dem Begriff des Mikroapartments umschrieben werden und sich studentischer Wertschätzung erfreuen. In seiner persönlichen Lage war der Terminus einer Zelle zutreffender.

Hätte er aufgrund der ländlichen Eindrücke bei seiner Ankunft ein idyllisches Bauernzimmer erwartet, so wäre diese Hoffnung nur durch ein Utensil in seiner derzeitigen Herberge erfüllt worden. Diese Rolle übernahm die schwere, vor einem kurzen Augenblick zugefallene Holztür hinter ihm. Sie flößte Respekt und Unüberwindlichkeit ein.

Demgegenüber war der Rest seiner Zelle zweckgemäß konstruiert und eingerichtet: weiße, wahrscheinlich schalldichte Wände, eine Liege, ein Tisch, ein Stuhl und ein handlicher Toiletten- und

Waschbeckenbereich. Fenster suchte man bedauerlicherweise vergeblich. Licht spendete eine ohne jegliche Dekoration von der Decke hängende Energiesparlampe – spärlich unterstützt durch Ahnungen von Tageslicht, die durch einige Glassteine innerhalb einer der Wände gespeist wurden.

Auf dem Tisch lagen säuberlich angeordnet einige Blätter Papier und ein Bleistift. Seine doch eher gedrückte Stimmung wurde durch die daneben stehende Flasche mit stillem Wasser samt Glas sowie einen Teller mit Reiswaffeln nur leicht gehoben. Seufzend ließ er sich auf dem Stuhl nieder und starrte gedankenverloren auf sein karges Mahl.

II.

Zeitgefühl in einer Zelle in Abwesenheit elektronischer Hilfsmittel zu erhalten, ist ein schwieriges Unterfangen. Das war zumindest eine mittelmäßig produktive Lernerfahrung, die er seit der Ankunft für sich verbuchen konnte. Er hatte den Eindruck, dass das ohnehin nur dünn durch die Glassteine schimmernde Tageslicht noch schwächer geworden war, als sich die Tür öffnete.

Die Person, die eintrat und bedächtig die Tür hinter sich schloss, passte nicht in das Persönlichkeitsschema von Mitarbeitern in Entführungsorganisationen, das er in der verstrichenen Zeit gedanklich hin und her gewälzt hatte. Auch wunderte ihn, dass die weibliche Person – zumindest dem äußeren Anschein nach – nicht bewaffnet war. Die Vernunft hielt ihn jedoch davon ab – vielleicht fehlte ihm auch der Mut –, dies als Chance für einen Fluchtversuch zu begreifen. Zu durchdacht wirkte die Komposition seiner Entführung.

Es folgten Momente der gegenseitigen Musterung. Sie war jung. Er hatte es schon immer als herausfordernd empfunden und war häufig schmerzhaft danebengelegen, wenn es um das Einschätzen des weiblichen Alters ging. Letztendlich einigte er sich mit sich selbst auf „Mitte zwanzig". Sie war schlank und mittlerer Größe, hatte lange dunkelblonde Haare; braune Augen veredelten ihr Gesicht.

In einer Mischung aus Nüchternheit und Selbstbewusstsein begann sie zu sprechen: „Ich begrüße Sie sehr herzlich bei uns." Auch wenn der Begriff der Herzlichkeit im Gesprochenen verwendet wurde, so empfand er ihn doch eher als floskelhaft. Trotz der offenkundigen Höflichkeit strahlte sie gleichzeitig ein hohes Maß an Kühle und Strenge aus.

„Warum bin ich hier?" Diese nicht sehr kreative Frage erschien ihm durchaus der Situation angemessen. „Sie sind vor einigen Wochen vom Observations- zum Zugriffsobjekt reklassifiziert worden. Wir sprechen morgen weiter." Mit dieser Aussage verließ sie die Zelle und ließ ihn allein mit sich und seinen irrlichternden Gedanken.

Trotz häufiger Reisetätigkeit mit zahlreichen auswärtigen Aufenthalten war ihm der häusliche Schlaf noch immer der erholsamste. In Relation zu diesem Erfahrungswert überraschte ihn die Qualität seiner Nachtruhe, nach der er, ohne sich an größere Traumereignisse zu erinnern, ausgeschlafen erwachte. Die Glassteine signalisierten Morgen.

Es verging nur wenig Zeit, bis seine Gesprächspartnerin erneut seine spartanische Unterkunft betrat. Ausgerüstet war sie diesmal mit einem weiteren Stuhl sowie einem Tablet. Sie setzte sich und wies ihn an, Gleiches zu tun. Während sie augenscheinlich auf dem Tablet Unterlagen für ihr mutmaßlich bevorstehendes Gespräch öffnete, musste er sich selbst eine gewisse Nervosität eingestehen.

Sie begann: „Sie haben schwerwiegende Verfehlungen begangen, indem Sie sowohl Maßnahmen initiiert haben, die die natürlichen Lebensgrundlagen schädigen oder schädigen könnten, als auch solche unterlassen haben, die geeignet gewesen wären, einen Beitrag zur Konservierung des existenziellen ökologischen Gleichgewichts zu leisten."

Es folgte eine Aufzählung beachtlichen Ausmaßes, die Ergebnis umfangreichster Recherchetätigkeit gewesen sein muss – allesamt Entscheidungen der vergangenen Jahrzehnte, an denen er in der ihn beschäftigenden Firma beteiligt gewesen war: Produktentwicklungen, Investitionen, Standorte, Unternehmensregularien, Positionsfindungen auf Branchenebene und vieles mehr. Ihnen allen war gemein, dass sie auch Konfliktlinien zu gesellschaftlichen und umweltbezogenen Themenfeldern aufwiesen.

Sie schloss mit den Worten: „Am morgigen Tag erhalten Sie die Möglichkeit, hierzu Gehör zu finden." Sie klappte ihr Tablet zu und verließ den Raum.

III.

Sowohl der Inhalt als auch die Form der Anklage hatten ihn emotional berührt, wenn nicht sogar aufgewühlt. Er ärgerte sich über seine fehlgeleitete Prognose aus dem Kofferraum, da seiner Entführung augenscheinlich keine materiellen Motive zugrunde lagen. Er war wütend, dass eine Person kurz nach der Übertrittsschwelle vom Teenager zur Frau ihn behandelte, als sei er ein Statist oder – noch passender – ein Schüler, der auf dem Schulhof beim Entwenden einer Brezel erwischt worden war. Er war beeindruckt von der Faktentreue und Detailverliebtheit der ihm vorgestellten Recherche-Ergebnisse. Gleichzeitig schlich sich ein Gefühl der Überforderung bis hin zur Angst ein.

Er unternahm mit gemischtem Erfolg den Versuch, aus seinem heterogenen Gefühlszustand Energie für die Entwicklung einer Verteidigungsstrategie zu ziehen. Den ganzen Tag und auch die diesmal weitgehend ruhearme Nacht grübelte er über Argumentationslinien und reflektierte zahlreiche Begebenheiten der Vergangenheit. Er war dankbar, dass Papier und Bleistift zu seiner kargen Zimmerausstattung gehörten.

Sein Zeitgefühl und die Lichtsteine ließen ihn vermuten, dass es zu einem ähnlichen Zeitpunkt am Morgen gewesen sein muss, als die Klageführerin wieder den Raum betrat. Er saß bereits argumentationsfertig auf seinem Stuhl.

Sie: „Guten Morgen. Hatten Sie Gelegenheit, die am gestrigen Tage formulierten Verfehlungen zu reflektieren?"

Er: „Guten Morgen. Zunächst einmal erkenne ich Ihre Autorität, einen derartigen Dialog zu führen, nur widerwillig an. Ich vermute gleichwohl, in dieser Thematik stellen sich für mich kaum andere Alternativen."

Sie: „Das vermuten Sie zutreffend."

Er: „Mir ist es ein Anliegen, zu Beginn ein Bekenntnis abzulegen. Schon von jüngeren Jahren an liegt mir die Bewahrung der natürlichen Umgebung und der Schöpfung am Herzen."

Sie: „Taten sind die einzige Sprache in dieser Causa, nicht Bekenntnisse. Die Eignung des Begriffs der Schöpfung ist in diesem Kontext im Übrigen nicht gegeben."

Er: „Das kann ich nachvollziehen. Zugleich ist es bei allem Wiegen und Beurteilen bedeutsam, dass der zeitliche Horizont bedacht wird. Grundlegende Veränderungen machen geordnete Übergangszeiträume für alle Akteure erforderlich."

Sie: „Oberstes Gebot ist die Beschleunigung des Handelns, denn die Probleme unterliegen ebenfalls einem Wachstum exponentieller Natur."

Er: „Gleichwohl ist jedes Entscheidungsgeflecht bei diesem im wahrsten Sinne des Wortes überirdischen Thema in ein hohes Maß an Widersprüchlichkeiten und Zielkonflikten eingebettet."

Sie: „Niemand hat behauptet, es sei eine als trivial zu charakterisierende Aufgabenstellung. Umso größer wiegt die Verantwortung der klügeren Köpfe in unserer Gemeinschaft."

Er: „Ich fürchtete es und erkenne, Sie sind in derartigen Exkursen geschult. Zahlreiche Akteure vermeintlich ähnlicher Denkrichtung propagieren eine neue Kultur des Verzichts und verkennen zugleich die Spannungen, die dadurch ausgelöst werden, dass der Prediger und der Verzichtende selten identisch sind. Nur kreative Technologie wird die großen Fragen der Menschheit zu lösen wissen."

Sie: „Viele Lösungspfade werden einen Beitrag zur Zielerreichung leisten, und am besten beschreitet man sie gleichzeitig. Erlauben Sie mir anzumerken, dass Ihre Einlassungen einen sehr allgemeinen Charakter haben und nicht die erforderliche Konkretheit mit Blick auf Ihre individuellen Verfehlungen aufweisen."

Er: „Verzeihen Sie, mir erschien es wichtig, den argumentativen Überbau auszuleuchten. Sie sprachen am gestrigen Tage den zuliefernden Beitrag meiner Firma zum Bau eines auf fossilen Energieträgern beruhenden Kraftwerkes als Glied in meiner persönlichen Malus-Kette an. Dieses löste allerdings eine Vorgängerinstallation mit deutlich niedrigerer Energieeffizienz ab und unterstützt als Stromquelle eine Gewinnungsanlage für Lithium, welches wiederum eine entscheidende Ingredienz für die Batterieproduktion darstellt."

Im Folgenden bezog er zu einem Großteil der am gestrigen Tage angesprochenen Kritikpunkte Stellung – in einer Collage aus grundlegenden Erläuterungen, Detailschilderungen von Güterabwägungen und Handlungszwängen, Rechtfertigungen und Selbstkritik.

Er schloss zusammenfassend: „Insgesamt hat die Firma, bei der ich beschäftigt sein darf, die Verträglichkeit ihres Wirkens in gesellschaftlicher und ökologischer Hinsicht in den vergangenen Jahren – auch und gerade durch mein Wirken – deutlich und nachweislich erhöht."

Seine eigene Aussage löste zwiespältige Gefühle in ihm aus. Zum einen ging sie ihm leicht über die Lippen; zum anderen wollte sich das vollständige Zutrauen in seine eigene Argumentation nicht einstellen. Seine Gesprächspartnerin ließ sich nicht anmerken, ob sie seinen inneren Zweifel spürte.

Sie: „Interessant. Wir führen unser Gespräch morgen fort." Das letzte Wort des Satzes war noch nicht verklungen und sie hatte den Raum schon verlassen.

Er blieb zurück und wünschte sich eine Art Chorus herbei, der ihm bei der Einordnung half, wie er sich geschlagen hatte.

IV.

Wahrscheinlich wieder zu der schon zur Gewohnheit werdenden morgendlichen Stunde wurde das Gespräch am Folgetag fortgesetzt.

Sie: „Ich bin dankbar für Ihre gestrigen Ausführungen. In Teilen haben Sie zu einer Verfeinerung unseres Kenntnisstandes beitragen können. In einer Gesamtwürdigung sind Ihre Verfehlungen jedoch weiterhin als schwerwiegend einzustufen."

Er spürte, dass der gestrige Dialog nicht zwingend zu dem erhofften Ergebnis geführt hatte. Ein grundlegendes Unwohlsein beschlich ihn.

Sie: „Ich kann Sie in einer Hinsicht beruhigen. Wir sind keine Organisation, die über vergangene Verfehlungen richtet. Gestaltbar ist allein die Zukunft. Die rückwärtige Reflexion dient nur dem Blick nach vorne. Bezüglich der existenziellen Fragen unserer Zeit wurde auf nahezu allen erdenklichen Schauplätzen umfangreich diskutiert, erörtert, sensibilisiert und gemahnt. Wir haben uns organisiert in der Einigkeit, dass die derzeitige gesellschaftliche Lage und Ihre Versagensgeschichte eine robustere Herangehensweise als bisher erfordert. Hierbei bedienen wir uns unterschiedlich gearteter Werkzeuge. Als zweckmäßig hat sich die durch uns begleitete Katharsis und Transformation von wesentlichen Gestaltern in der Gesellschaft erwiesen. Die Zugriffsobjekte werden zum Transformationsobjekt. Sie erhalten die Gelegenheit, in Ihrem zukünftigen Wirken eigeninitiierte, aber auch durch unsere Organisation vorgegebene Aufträge im Sinne des natürlichen Gleichgewichtes zu erfüllen. Sie gehören zu dieser auserwählten Gruppe und erhalten durch uns die Gelegenheit, sich dem einzig wesentlichen Orientierungsrahmen zu verschreiben."

Er war bewegt und verstört. Welche Verpflichtung war hiermit verbunden und war dies im praktischen Tun wirklich Auserwählung oder doch eher Heimsuchung?

Er: „Gibt es Alternativen zu diesem für mich vorgesehenen Weg?"

Sie: „Unsere Organisation erwägt auch die Institutionalisierung eines Eliminationsstatus; diesbezüglich konnten wir allerdings noch keine Übereinkunft erzielen. Ungeachtet dessen empfehle ich eine zugewandte Auseinandersetzung mit der für Sie vorgesehenen künftigen Rolle. Ich werde Ihnen jetzt eine im Prinzip harmlose Substanz spritzen, die unser erstes Zusammentreffen beenden und Ihren Meinungsbildungsprozess einleiten wird."

Sie nahm eine Spritze aus einer mitgeführten Schatulle. Widerstandslos ließ er die Prozedur über sich ergehen.

V.

Er erwachte orientierungslos. Nach einigen Momenten der Selbstfindung stellte er fest, dass er in ungewöhnlicher Randlage in seinem Bett in seiner ihm angestammten Wohnung lag.

Seine Unsicherheit, ob die schemenhaft in seinem Kopf rotierenden Erinnerungsfetzen sich auch in der Wirklichkeit ereignet hatten, wurde nur durch diejenige übertroffen, ob und, wenn ja, was er an seinem weiteren Weg und seiner Rollenwahrnehmung ändern sollte.

Erkenntniszirkel

I.

Das Treppenhaus, in dessen dämmrigen Eingangsbereich er gerade eingetreten war, zeichnete sich durch eine lieblose Zweckmäßigkeit aus. Obwohl die Mehrheit der Hausbewohner auch die Vorzüge einer der – wenn auch etwas modernisierungsbedürftigen – Garagen im Hof genießen konnte, war die eine Wandseite mit einer Vielfalt an Fortbewegungsmitteln – Fährrädern, E-Rollern, einem Kinderwagen und dergleichen – belagert. Die gegenüber in die Mauer eingelassenen Briefkästen waren aus zweierlei Blickwinkeln anachronistisch. Zum einen waren sie im Inneren des Gebäudes, was gerade bei wechselnden Postboten und geringen Anwesenheitsquoten im Haus zum Nachteil gereichte. Zum anderen waren die Einwurfschlitze derart klein, dass sie aus einer Zeit stammen mussten, in der ausschließlich traditionelle Briefe um Einlass und Aufbewahrung gebeten haben müssen. Der weiße kunststoffartige Handlauf und die funktionale Fliesentreppe untermalten den Eindruck eines ehemaligen Sozialbaus aus der Mitte des letzten Jahrhunderts, der sich einer recht ordentlichen Instandhaltung erfreute.

Nach Bewältigung des durch einen Zwischenabsatz unterbrochenen doppelten Dutzends an Stufen schloss er seine Wohnungstür im ersten Obergeschoss auf und betrat sein Refugium. Es brachte einige Vorteile und Annehmlichkeiten mit sich: Die Wohnsubstanz war in so zentralen Elementen wie der Heizung und den Fenstern inzwischen auf einem ansprechenden Niveau. Nicht therapierbare Eigenschaften wie die in der Konstruktion angelegte Hellhörigkeit waren für ihn von geringerem Belang. Die breite Fensterfront und ein kleiner Balkon mit einer eher altmodischen Markise ließen Helligkeit im Inneren und einen schönen Blick in die Außenwelt zu. Auch verschaffte die Wohnung die zunehmend seltener werdende Gelegenheit, sich in zentraler Lage und damit einer hochpreisigen Wohngegend bei einem noch verträglichen Mietniveau einquartieren zu können.

Auch die Einrichtung und innere Gestaltung der Räumlichkeiten von näherungsweise sechzig Quadratmetern waren nach allgemeinem Maßstab anspruchsvoll und boten damit einen Kontrast zum äußeren Erscheinungsbild des Gebäudes. Das Angebot an digitalen Instrumentarien war – unter anderem bestückt mit WLAN-Verstärker, Smart Speaker und Boxen – reichhaltig und damit sicherlich den Perspektiven des mobilen Arbeitens sowie eines Smart Homes zuträglich. Gleichzeitig prägten einige anspruchsvolle Accessoires und Möbelstücke – hierbei insbesondere trendbewusste Sitzgelegenheiten – die ästhetische Wirkung.

Er ließ sich in einen im Wohn- und Essbereich beheimateten Sitzsack fallen und musste an seine häusliche Nachbarschaft denken, was selten vorkam. Das Mietshaus umfasste sechs Parteien, jeweils zwei im Erd- beziehungsweise in den beiden Obergeschossen. Während er deren bisweilen auch wechselnde Vertreter mit der Zeit kennengelernt hatte beziehungsweise zumindest einordnen konnte, weil sie an den unvermeidlichen gelegentlichen Mieterzusammenkünften teilnahmen, so war ihm zu Ohren gekommen, dass jüngst im Dachgeschoss ein zusätzlicher neuer Bewohner hinzugekommen sei, von dem er sich allerdings noch kein Bild hatte machen können. Nichts vermisste er weniger als die Gesprächskreise innerhalb der Mietergemeinschaft. Er hatte den Eindruck, dass die überwiegend gesetztere Teilnehmerschaft die Gelegenheit zu ausschweifenden Diskussionen freudig annahm, obwohl es zumeist um vermeintliche Trivialitäten wie die Kehrwoche ging.

II.

Unser Protagonist – nennen wir ihn aus Gründen der Übersichtlichkeit des weiteren Erzählverlaufes ab jetzt „den Jüngeren" – war vor nicht allzu langer Zeit neunundzwanzig Jahre alt geworden. Scherzhaft hatte er ihn mit einigen Freunden als nostalgischen Kindergeburtstag gefeiert, da er bei Anrechnung ausschließlich der bis dahin an Lebensalter erreichten Primzahlen tatsächlich erst das zehnte Jubiläum zu feiern gehabt hätte. Auch an diesem Tage – wie an anderen zuvor – hatte er die ihm eigene Melange aus Ambitionslosigkeit und Anspruchsdenken bei sich diagnostiziert.

Mit überschaubarem Ehrgeiz und gleichzeitig effektivem Arbeitseinsatz hatte er ein praxisorientiertes kaufmännisches Studium abgeschlossen. Der günstige Arbeitsmarkt gepaart mit einem nicht zu unterschätzenden Sicherheitsbedürfnis geleitete ihn in eine beamtenähnliche Anstellung bei einem kommunalen Wohnungsbauunternehmen. Sein Tätigkeitsbereich umfasste insbesondere digitalaffine Aufgaben, was sich auch in einer modernen und damit extern durchaus vorzeigbaren Stellenbezeichnung niederschlug.

Das Geflecht seiner menschlichen Bekanntschaften und Beziehungen war reichhaltig; originär begründet in unterschiedlichsten Interessen und Reiseaufenthalten wurde es gleichwohl überwiegend digital gepflegt. Obwohl (oder gerade weil?) er auch auf den einschlägigen Vermittlungsplattformen Aktivität zeigte, waren Partnerschaften mit Frauen (zwischenzeitlich hatte er auch eine Phase der Unsicherheit, ob Männer in diesem Kontext eine Rolle spielen könnten) eher loser und unregelmäßiger Natur. Das Anspruchsniveau und die Bequemlichkeit bildeten die wirksamsten Schutzschilde gegen die vermuteten Einengungen einer festen Verbindung.

Sein alltägliches Handwerk hatte er durchaus im Griff. Heimatverbunden blieb er seiner Geburtsstadt treu. Diverse Interessen hielten ihn beschäftigt. Traditionelle Sehnsuchtsobjekte vorvergangener Generationen wie zum Beispiel das Automobil im Eigentum spielten für ihn keine Rolle. Sorgsam achtete er jedoch darauf, den Facettenreichtum seiner eigenen Biografie auf den sozialen Netzwerken zu kuratieren. Dazu gehörte auch eine dezente Tätowierung, deren Auswahl und Einbringung er in seinem Beobachterkreis aufwändig inszeniert hatte.

Hinter dieser Fassade war der Zweifel sein ständiger Begleiter. Die Einschätzung über die Sinnhaftigkeit seiner Existenz und seines Handelns schwankte in großen Amplituden: Ein zielgenaues, der aktuellen Zeit angemessenes nachhaltiges Leben frei von Zwängen, Verkrampfungen und Reflexen der Aufstiegsgenerationen? Oder ein Übermaß an Inspirationslosigkeit, Verbindlichkeitsmangel, Hedonismus und Selbstverliebtheit?

III.

Er war gerade mit der nachwinterlichen Wartung seines ihm ans Herz gewachsenen geländetauglichen Sportrades im Hof beschäftigt, als ein ihm unbekannter Mann aus der Haustür trat. Er konnte ihn zunächst aus den Augenwinkeln nur schemenhaft erkennen und begutachtete ihn anschließend unauffällig durch die Speichen seines Hinterrades, an dem er gerade hantierte. Etwas unschlüssig stand der Mann – wir bezeichnen ihn jetzt als „den Älteren", da er augenscheinlich mindestens zwanzig Lebensjahre mehr an Erfahrung in die Waagschale werfen konnte – auf der anderen Hofseite. Eine kurze Musterung ergab: Körpergröße eher überdurchschnittlich, Gewicht eher unterdurchschnittlich – insgesamt eine asketische, unauffällig gekleidete Erscheinung.

Die Orientierungsphase des Älteren schien beendet, als er sich zielstrebig dem Jüngeren näherte, was

Letzterer eher mit gemischten Gefühlen wahrnahm. Seine Gesichtszüge hatten eine prüfende, leicht melancholische, gleichwohl nicht unsympathische Ausstrahlung, als er das Gespräch eröffnete:

Der Ältere: „Grüße Dich! Das Rad sieht nach viel Beglückung im Gelände aus!"

Der Jüngere: „Um ehrlich zu sein, nutze ich es eigentlich nur in der Stadt. In den Wald gehe ich lieber zum Laufen."

Der Ältere: „Dann teilen wir dieselbe Passion. Nichts ist dem Wohlbefinden zuträglicher als das regelmäßige Auslüften in der Natur. Erst vor Kurzem hat mich mein Weg in diese Stadt geführt und ich darf das Dachgeschoss bewohnen. Wie wäre es, wenn wir nicht nur dieselbe Leidenschaft hätten, sondern diese auch gelegentlich gemeinsam praktizieren würden?"

Der Jüngere war zu verblüfft ob des offensiv vorgetragenen Angebots, um spontan genug Kreativität zu entwickeln, sich diesem zu entziehen. Im Ergebnis verabschiedeten sie sich mit einer gemeinsamen Laufverabredung.

IV.

Aus dieser Initialzündung entstand eine Routine. Ein bedachtes Klopfen an der Wohnungstür des Jüngeren am samstäglichen Morgen läutete regelmäßig ihre gemeinsame sportliche Aktivität ein. Der Ältere nannte sie „Zirkeltraining", was dem Jüngeren insgeheim eine eher fehlleitende Begrifflichkeit zu sein schien; schließlich bildete das gemeinsame Laufen den körperlichen Schwerpunkt – nur unterbrochen von vereinzelten Intervallen zum Zwecke des Dehnens und Mobilisierens der Muskulatur. Ihre Dialoge hingegen gewannen im Zeitverlauf an Intensität und Tiefgang. Es zeigte sich, dass ihr Ritual auch sehr gut geeignet war, im Unterbewusstsein sedimentierte kreative Gedanken und Problemlösungen an das Tageslicht zu bringen. Der Ältere zeigte sich hierbei als geistreicher und humorvoller, in eigener Sache jedoch eher zurückhaltender und verschlossener Gesprächspartner.

Als der Waldweg gerade einen Profilwechsel vom Anstieg zum ebenen Verlauf vollzogen hatte, berichtete der Jüngere mit anspruchsvoller Kritik über Eignung und Verhalten des Führungspersonals in der ihn beschäftigenden Organisation. Der Ältere zeigte sich verständnisvoll. Ein kluger Freund habe ihm einstmals erzählt, dass er in einem Unternehmen gearbeitet habe, in dem (auch) eine (noch) eher barocke Interpretation von Führung vorgeherrscht habe. Der damalige Verantwortungsträger habe moniert, dass eine Treppe im Gebäude zu schmale Stufen habe. Diese hinderten die obersten Würdenträger daran, ihrer Bedeutung angemessen zu „schreiten", und zwangen sie stattdessen, nur zu „gehen". Folgerichtig wurde die Treppe generalüberholt. Glücklicherweise sei dies ein Phänomen, das in den letzten Jahrzehnten im Rückzug begriffen sei und an das hoffentlich bald nur noch in narrativen Mausoleen erinnert werde. Er empfehle grundsätzlich die Orientierung an „gehenden" und nicht an „schreitenden" Funktionsinhabern.

Ein begrüßenswerter Repräsentant dieser Kategorie habe ihm auch ein weiteres Bild anempfohlen, das ihm in Erinnerung geblieben sei. Ein Triptychon sei ein dreigeteiltes Gemälde, von denen eines der berühmteren sich mit den Motiven „Werden", „Sein" und „Vergehen" beschäftige. Für Organisationen gelte, wie im Übrigen auch für Individuen, dass sie sich erstrebenswerter Weise das Stadium des „Werdens" bewahren sollten; sobald die Wahrnehmung und Selbsteinschätzung eines „Seins" erreicht sei, sei ein Automatismus in Richtung des „Vergehens" in Gang gesetzt. Insofern gelte es, die notwendige Demut an den Tag zu legen und gleichzeitig das eigene

Dasein als einen kontinuierlichen Entwicklungsprozess zu begreifen.

Dies bildete das Schlusswort ihres dieswöchigen Laufes, da das Ende des Monologs des Älteren mit dem Erreichen ihres Zuhauses koinzidierte.

V.

Die Gespräche inspirierten den Jüngeren regelmäßig zur Reflexion über sein Wertgerüst, seine Ziele und sein Handeln. Bisweilen hätte er auch gerne die Initiative ergriffen und außerhalb des üblichen wöchentlichen Rhythmus in einem anderen Format aufkommende Fragen und Ideen mit seinem Laufpartner erörtert. Dabei registrierte er, dass der Ältere ein zurückgezogenes, vielleicht sogar eremitenhaftes Leben führen musste; zumindest konnte er sich nicht entsinnen, dass er ihn jemals sonst, sei es auch nur in den unvermeidlichen Alltagssituationen, wahrgenommen oder gar getroffen hätte. Das kam dem Jüngeren – um mit Hermann Hesse zu sprechen – fast schon etwas steppenwölfisch vor.

Ihre nächste sportliche Verabredung war durch einwandfreies Laufwetter – Sonnenschein, leichter

Wind bei angenehm mittlerer Temperatur – begünstigt. Der Jüngere wollte etwas provozieren, indem er kritisch anmerkte, ob nicht die Generation des Älteren in vielerlei Perspektive fehlerhaft agiert habe und ihren Nachfolgern unüberwindliche Hinterlassenschaften vermache. Der Ältere merkte an, dass man sich bei stereotypisierenden Charakterisierungen in einem herausfordernden Terrain bewege; gleichwohl zeigte er sich der Argumentation gegenüber aufgeschlossen und bestätigte, dass er die Wahrnehmung nachvollziehen könne und diese auch in Teilen zutreffe. Er erkenne auch, dass die materialistische Aufstiegsorientierung in seinen Jahrgängen oftmals einen zu hohen Stellenwert eingenommen habe.

Gleichzeitig betonte er, dass die zielführende Kritik Dritter und hohes Anspruchsdenken eine hinterfragende Auseinandersetzung auch und gerade mit sich selbst erfordere. So bekümmere es ihn, dass in der Generation des Jüngeren oftmals gestalterische Fähigkeiten brachliegen beziehungsweise fehlgeleitet würden. Wichtige gesellschaftliche oder politische Veränderungen zu erreichen, erfordere Energie, Einsatz und Handeln. Die Rolle des beobachtenden, bisweilen lethargischen und selbstoptimierenden Kommentators reiche nicht aus. Schweigend und nachdenklich beendeten sie ihr Zirkeltraining und verabschiedeten sich.

VI.

Das Gespräch am Vormittag hatte den Jüngeren – wie so häufig – den gesamten Tag über noch gedanklich begleitet. Als die Abenddämmerung bereits leicht einsetzte, ging er allerlei häuslichen Tätigkeiten nach und hängte die Wäsche vom auf dem Balkon platzierten Ständer ab. Da sah er seinen älteren – innerlich nach einem angemessenen Begriff suchend … vielleicht … – „Freund", der gerade das Grundstück verließ. Kurz hinter der Gartentür drehte er sich um und schaute zu ihm hoch. Er meinte, einen durchdringlichen und fast etwas geheimnisvollen Blick des Älteren auf die Distanz hin verschwommen wahrgenommen zu haben. Der Ältere ging seines Weges und verschwand hinter den Vorgärten der Nachbarhäuser aus dem Sichtfeld. Die Szenerie trug die Züge eines Abschieds in sich.

Am nächsten Morgen ging er heiterer Stimmung das Treppenhaus hinunter. Als er gerade den Eingangsbereich durchquerte, blieb sein Blick an seinem Briefkasten hängen. Wider Erwarten an einem Sonntag erkannte er durch dessen Sichtschlitz etwas Papierhaftes im Inneren. Er öffnete ihn und zog einen kleinen, umschlaglosen und knapp beschriebenen Zettel heraus: „Lieber Laufpartner, es war mir eine Freude, unsere gemeinsame Tradition zu pflegen.

Das Zirkeltraining ist beendet." Unschlüssig und mit leicht einsetzender Trauer stand der Jüngere vor seinem Briefkasten. Unterschwellig nahm er wahr, dass ihm die Handschrift bekannt vorkam und seiner eigenen ähnelte. Er war sich allerdings unsicher, auch da er sie nur selten verwendete.

Nachdenklich drehte er sich um und ging die Treppen wieder nach oben. Er wollte den Älteren zur Rede stellen und – je nach Gesprächsverlauf – um Fortsetzung ihres Rituals bitten. Er ging an seiner Wohnungstür vorbei und erreichte das 2. Obergeschoss. Dort angekommen stellte er voller Überraschung fest: Das Treppenhaus endete – kein Dachgeschoss.

Forschungsreise

I.

Ihre Gedanken schweiften von der Lektüre von Thomas Manns *Zauberberg* ab, als sich Hans Castorp in einem Schneesturm verfing. Die Sachlichkeit und Präzision sowohl in der Sprache als auch in der Erzählung verschafften ihr in regelmäßigen Abständen gleichzeitig Entspannung und Inspiration.

Das intellektuell-scharfsinnige Studium von Texten – oftmals auch zur Penibilität neigend – gehörte zu ihren besonderen Talenten. Diese Fähigkeit hatte ihr bei ihrem Werdegang hilfreiche Dienste erwiesen. In einem vergleichsweise noch jungen Lebensalter hatte sie die Professorenwürde erlangt und war Inhaberin eines der bedeutendsten Lehrstühle für Volkswirtschaftslehre im akademischen Europa geworden.

Seitdem waren nahezu zwei Jahrzehnte vergangen. Sie konnte ein kontinuierliches Wachstum an Renommee resümieren, unter anderem ausweislich zahlreiche Veröffentlichungen in führenden Fachzeitschriften.

Würde man ihr berufliches Leben mit einem Dreisprung vergleichen, so stünde – alleine schon aus biologischer Sicht – noch der letzte „Jump" bevor. Sie war eine Suchende bei der Frage, in welche Richtung sich diese Dynamik entfalten sollte – wider die Entkräftung im Routine-Universitätsbetrieb.

Nach einer biografischen Revolution stand ihr nicht der Sinn. Stattdessen veredelte sie ihr Aktivitäten-Portfolio um gutachterliche und beratende Funktionen. Zugleich war es ihr ein hohes Anliegen, ihre Forschungstätigkeiten auf selbstverwirklichende und aus ihrer Sicht nutzenschöpfende Felder auszurichten.

II.

Der Sieg der Menschheit – so die etwas pathetische Bezeichnung auflagenstarker Medien – über die verheerende Pandemie war ungefähr seit drei Jahren Geschichte. Entgegen der zeitpunktbezogenen Perspektive eines Sieges wäre der Begriff des Auslaufens wohl geeigneter. Sie wurde nicht abrupt beendet, sondern sie trödelte in der öffentlichen Wahrnehmung aus.

Die Rückkehr zu vielen Lebensgewohnheiten setzte schneller und selbstverständlicher ein als in der Unmittelbarkeit des Verlaufes der Pandemie vermutet. Auch das seltene, aber doch vernehmbare Rufen, dass die Menschen einen Konter der Natur erlebt hätten, ebbte ab.

Die Automatismen öffentlicher Erregung und Erschlaffung suchten und fanden andere Schauplätze. Ein augenfälliges Indiz war, dass sich Alltagsmasken in der Grippesaison in den westlichen Gesellschaften – entgegen den Erwartungen – nicht flächendeckend durchgesetzt hatten.

Sie wusste selbst nicht, welche Synapsen ihre Gedanken vom Mann'schen Schneesturm zu den Erinnerungen an die Pandemiezeit lenkten. Die gesundheitlichen Folgen, die Einschränkungen der persönlichen Freiheiten, die Wirkungsroutinen politischer Krisenkommunikation und die wirtschaftlichen Auswirkungen waren gravierend gewesen. Mindestens genauso herausfordernd war der individuelle und kollektive Umgang mit der emotionalen Unsicherheit und Überforderung in vielen gesellschaftlichen Gruppen.

Eine Terminologie in der Begründung von politischen Entscheidungen hatte sich ihr besonders ins Gedächtnis eingebrannt. Oftmals wurde argumentiert, Maßnahmen seien „aus epidemiologischer Sicht" zielführend oder sogar alternativlos. Die Grenzen zwischen wünschenswerter Berücksichtigung von Expertenwissen und medizinischer Expertokratie schienen ihr damals bisweilen verwischt.

Wesentliche politische und gesellschaftliche Entscheidungen sollten nach ihrer Überzeugung – gerade in krisenhaften Situationen – mehrdimensionale Perspektiven berücksichtigen und ausgewogen sein.

Ihrer analytischen und explorativen Grundhaltung folgend fragte sie sich, ob – wenn Pandemien denn weiterhin eine der existenziellen Bedrohungen für die Menschheit darstellten – die Erkenntnisse der jüngeren Vergangenheit wirklich systematisch wissenschaftlich mit der erforderlichen Interdisziplinarität aufgearbeitet worden waren.

In der unmittelbaren Gefolgschaft der Pandemie gab es natürlich zahlreiche – auch fachübergreifende – wissenschaftliche Projekte und Ausschreibungen in dieser Angelegenheit. Mit dem wiederkehrenden Alltag erlosch das politische und wissenschaftliche Interesse rascher als wünschenswert und erwartet.

Dieses Strohfeuer dauerhaft zu entfachen und damit einen grundlegenden Beitrag für künftige Sicherheit und Wohlstand zu leisten, reizte sie und forderte ihren akademischen Ehrgeiz heraus.

III.

Systematisch begann sie ihre Materialsammlung nach allen Regeln des wissenschaftlichen Arbeitens. Der Kanon an Publikationen war erheblich und speiste sich aus unterschiedlichsten Fachgebieten – Medizin, Geistes- und Rechtswissenschaften, Mathematik und vielen mehr.

Nahezu sämtliche Beiträge wiesen zwei fundamentale Defizite auf:

Zum einen bewegten sich die Wissenschaftler mit wenigen Ausnahmen primär im Rahmen ihrer arbeitsteilig organisierten Fachlichkeit. Verknüpfungen und Zusammenhänge der unterschiedlichen Forschungsgebiete wurden selten hergestellt.

Zum anderen überwog ein vergleichender und deskriptiver Forschungsansatz. Normative Forschungsergebnisse, interdisziplinäre Entscheidungsinstrumente, praxisorientierte Modelle für die handelnden Akteure – weitgehende Fehlanzeige.

Es schien, als ob die Wissenschaft jeder Generation von politischen Entscheidungsträgern die erneute Chance geben wollte, ohne konkrete Unterstützungsinstrumente zu improvisieren und hierbei ihre Aufgabe bestenfalls erträglich zu erfüllen.

Davon leitete sie ein ambitioniertes Ziel für ihr

Forschungsvorhaben ab: Die Entwicklung eines handlungsorientierten, quantitativen und qualitativen Instrumentariums für politische Entscheidungsträger in Pandemien.

Eine wesentliche Herausforderung der Arbeit sollte die Simulation komplexer Wirkungszusammenhänge unter Nutzung empirischer Daten bilden. Insbesondere stand die Frage im Vordergrund, wie die unmittelbar infektionsvermeidenden Maßnahmen direkte und indirekte Kollateralwirkungen, zum Beispiel mit Blick auf Demokratievertrauen, Sozial- und Bildungsgerechtigkeit sowie Wirtschaft, entfalteten.

Der entstehende Werkzeugkasten sollte gemeinschaftlich mit zentralen Institutionen, zum Beispiel dem Gesundheitsministerium, der Weltgesundheitsorganisation und dem Robert-Koch-Institut, entwickelt und in einen wartungsfähigen Zustand überführt werden. Damit sollte die jederzeitige internationale Einsatzfähigkeit als Entscheidungs-, Begründungs- und Rechenschaftsinstrument gesichert werden.

IV.

Sie investierte mit einem kleinen Team Leidenschaft und Ressourcen in die Entwicklung eines strukturierenden Forschungsansatzes sowie in die Vorbereitung entsprechender Förderanträge.

Trotz Einbringung ihrer hohen persönlichen Reputation drang sie nicht durch – im Dickicht aus Universitätsbürokratie, konkurrierenden Fördereinrichtungen, Begutachtungsverfahren und dem schleichend verkümmerndem politischen Interesse.

Desillusioniert wanderte sie durch ihr Arbeitszimmer und setzte ihre vor einigen Monaten unterbrochene Lektüre des Zauberbergs fort.

Nahestehende Personen

In den unterschiedlichsten Rechtsgebieten, sei es in der Insolvenzordnung, im Aktien- oder Steuerrecht, bilden „nahestehende Personen" ein wichtiges Konstrukt. Persönliche Beziehungsintensitäten bedingen konkrete juristische Pflichten. Daher erschien mir diese Terminologie besonders gut geeignet, um dieses „Bruchstück" zu überschreiben.

Personen:

Claudia Haag: *ältere Schwester*
Andrea Haag-Schender: *jüngere Schwester*
Christian Haag: *Bruder*
Oliver Schender: *Ehemann von Andrea*
Leonie: *Tochter von Andrea und Oliver*
Paul: *Freund der Familie*
Markus Schauff: *Kommunalpolitiker*
Dr. Seebach: *Notarin*
Kommentator: *gesprächiger Beobachter*
Team: *Mitarbeiterinnen / Mitarbeiter in Christians Team*

Kapitel 1

I.

Die Schwestern Claudia und Andrea unternehmen einen kurzen Spaziergang am Rande des Treffens der Trauergemeinde im Anschluss an die Beerdigung ihrer Eltern.

Claudia: Ich kann nicht glauben, dass sie uns einfach verlassen haben! Sie waren immer für uns da, unsere Inspiration, unser Halt … und jetzt gehen sie fast gleichzeitig von uns. So konnten sie nicht einmal ihre Beerdigung für sich alleine haben!

Andrea: Ich vermisse unsere Eltern auch. Wahrscheinlich hätten sie sich den Weg von uns in dieser Form gewünscht … nach einem langen erfüllten Leben, die diamantene Hochzeit gerade begangen, nach nur kurzer Krankheit … und gemeinsam, wie sie alles in ihrem Leben zusammen bewerkstelligt haben.

Claudia: Wir unterliegen einer Täuschung … es kann nicht sein. Sind wir hier wirklich bei einer Beerdigung und nicht vielleicht bei einer Kommunion? Höre ich dort nicht etwas? Kommen unsere Eltern nicht dort durch die Verandatür?

Andrea: Ich befürchte, das werden sie nicht tun.

Claudia: Ich weiß es ja! Nur wie soll es jetzt weitergehen? Ich habe sie geliebt, an allen Orten spüre ich Erinnerungen, sie waren mehr als ein Teil von mir … Wie viel von mir ist mit verendet? Ich habe keine Hoffnung.

Andrea: Du solltest Dich erholen. Abstand gewinnen …

Claudia: Abstand gewinnen? Genau das will ich gerade nicht! Wie konnten sie uns das antun? Uns so alleine in dieser tristen und armseligen Welt zurückzulassen!

Kommentator: Ist das nicht voll der Anmut? Trauern aus dem Lehrbuch in kondensierter und theatralischer Zubereitung … und das in einer Gesellschaft, die das Trauern immer weiter verlernt.

Andrea: Die Trauerfeier habe ich als sehr würdevoll und andächtig empfunden. Unsere Eltern wären sehr bewegt gewesen.

Claudia: Das Blumenensemble war wirklich ansprechend und hat gestrahlt. Wie ich es vorher prophezeit hatte, hätten wir jedoch rote anstelle von gelben Nelken verwenden sollen. Sie haben den Gesamteindruck etwas gebrochen.

Andrea: Du hast recht. Wir hätten vollständig deiner floristischen Kompetenz vertrauen sollen. Die Kombination aus herzhaften und süßen Kanapees war hingegen aus meiner Sicht eine gute Wahl.

Claudia: Der Kaffee war etwas zu bitter.

Kommentator: Kaffee, Häppchen, Trallala … oder drückt da etwas anderes im Magen?

Claudia: Unser wertgeschätzter kleiner Bruder Christian hätte sich bei der Grabrede etwas mehr Mühe geben können, oder nicht?

Andrea: Sie reichte auf jeden Fall nicht annähernd an deine einfühlsamen Worte in der Kapelle heran.

Christian stößt zu seinen Schwestern hinzu.

Andrea: Lieber Bruder, wie schön, dass du uns Gesellschaft leistest.

Christian: Apropos „Gesellschaft" … Findest du es nicht auch erstaunlich, dass sich nach so einem langen Leben nur eine derart kleine Trauergesellschaft für das Ableben unserer Eltern interessiert? Sie waren auch sehr aufeinander fixiert …

Claudia: … zumindest aufeinander und nicht ausschließlich auf sich selbst. Wenn du dein Leben so weiterführst, wird zu gegebener Zeit in einem Beichtstuhl genug Platz für deine Trauergemeinde sein.

Christian: Das ist eine wirklich plastische Prognose! Unabhängig davon steht uns ja jetzt noch einiges Organisatorisches bevor.

Claudia: Vermute ich zutreffend, dass du dich freiwillig anbietest, die Testamentsvollstreckung und Haushaltsauflösung zu bewerkstelligen? Oder spricht eher die freudige Erwartung der finanziellen Ergebnisse aus deiner Stimme?

Christian: Ich war schon immer eher der Ergebnis- und weniger der Prozessmensch.

Claudia: Ich befürchte, das kann ich bestätigen. Altruismus sucht man in deinem Persönlichkeitsprofil vergebens.

Kommentator: Eine gar traute und harmonische geschwisterliche Gemeinschaft offenbart sich hier.

Claudia: Trotzdem muss uns eines gemeinsam leiten: Das Andenken unserer Eltern gilt es zu bewahren und ehren.

Andrea: Natürlich hast du recht. Claudia, nimm' du dich doch der Sache an. Du kennst dich aus, kannst dir die Zeit nehmen und bist mit der Notarin Dr. Seebach auch gut bekannt.

Claudia: Ob ich mehr oder weniger zeitliche Kapazität habe als ihr, mögen andere beurteilen. Aber gerne lasse ich mich in die Pflicht nehmen – im Andenken an unsere geliebten Eltern.

II.

An einem Bistrotisch in Nähe der offenen Verandatür unterhalten sich Leonie, die Tochter von Andrea und Oliver, und Paul, ein Freund der Familie.

Leonie: Die letzten Nächte waren einfach furchtbar. Ob ich überhaupt einige Stunden geschlafen habe, weiß ich nicht. Ich hatte ständig ihr Bild vor Augen.

Paul: Ich kann mich noch gut erinnern, mit wie viel Unternehmungslust deine Großeltern und du in jüngeren Jahren Zeit verbracht habt. Im Wald, im Zoo, bei Sportveranstaltungen.

Leonie: Es waren freudige und vor allem entspannte Erlebnisse. Die Intensität hat in den letzten Jahren aber abgenommen. Umso stärker trifft mich die Trauer jetzt. Habe ich mich zu wenig gekümmert? Habe ich mich richtig verhalten?

Paul: Natürlich hast du das! Du hast sie geliebt und das haben sie gespürt. Es ist der natürliche Gang der Dinge, dass sich die Beziehungen in der Familie mit dem Älterwerden wandeln.

Leonie: Mit meinen Freundinnen ist es auch nicht ganz so einfach. Sie glauben, ich nehme mir den Tod meiner Großeltern zu sehr zu Herzen. Und jetzt kann ich wegen der Beerdigung auch erst morgen zur Klassenfahrt nachkommen. Dabei ist der erste Tag doch immer besonders wichtig … mit der Zimmeraufteilung und so.

Paul: Kommst du denn mit den Noten einigermaßen zurecht?

Leonie: Lass' uns das Thema wechseln. Ich habe einfach nicht die Ruhe gefunden, konzentriert zu lernen.

Paul: Deine Eltern können dich doch sicher unterstützen, zumal dein Vater selber Lehrer ist.

Leonie: Weit gefehlt! Oft sehe ich sie den ganzen Tag nicht ein einziges Mal. Meine Mutter ist in der Kanzlei, mein Vater ist für die Schule stark eingespannt und kümmert sich um seinen Umweltverein. Unser Leben ist eher ein Nebeneinander als ein Miteinander.

Paul: Das kann ich ja kaum glauben. Leider war mir die liebevolle Umkleidung durch eine Familie bisher nicht vergönnt. Bei Euch dachte ich immer, die erstrebenswerte Schablone vor mir zu sehen.

Leonie: Deutlicher könnte der Schein nicht trügen. Eigentlich könnte ich auch schon ausziehen und weder mein Lebensrhythmus noch der meiner Eltern würde sich wesentlich verändern.

Paul: Aber deine Eltern wirken doch sehr harmonisch miteinander?

Leonie: Das beschränkt sich dann wahrscheinlich auf die Außenwirkung. Alles ist sehr zweckmäßig und sprachlos. Zunehmend begegnen sie den besonderen Eigenarten des anderen eher gereizt. Mein Vater hat schon manchmal etwas eingefahrene Ansichten und Verhaltensweisen. Früher hat meine Mutter freizügiger darüber hinweggesehen. Heute kracht es dann auch schon einmal im familiären Gebälk.

Paul: Das ist interessant. Seit wann nimmst du diese Entwicklung wahr?

Kommentator: Ein bemerkenswertes Interesse legt der Hausfreund hier am familiären Alltag Dritter an den Tag.

Leonie: Lass' uns das Thema wechseln. Es ist nicht geeignet, die ohnehin gedrückte Stimmung aufzuhellen. Im Gegenteil.

Paul: Sehr gerne. Da du nächste Woche noch auf Klassenfahrt bist, gehe ich davon aus, dass ich nicht zum Geigenunterricht vorbeikommen soll. An deinen Doppelgriffen sollten wir in der nächsten Zeit auf jeden Fall arbeiten.

III.

Christian führt auf der Terrasse des Restaurants ein Gespräch mit seinem Schwager Oliver, dem Ehemann von Andrea.

Christian: Ist es eigentlich statthaft, alkoholische Getränke beim Leichenschmaus zu konsumieren? Aus meiner Sicht gibt es keinen geeigneteren Anlass! Was meinst du, Oliver?

Kommentator: Zumindest tut eine Belebung – und sei es nur der Stimmung – durchaus Not.

Oliver: Wie du weißt, war ich dem Alkohol nie wirklich zugetan. Diese Tendenz hat sich in der letzten Zeit eher noch verstärkt.

Christian bestellt ein Bier. Oliver nippt weiterhin an seinem Glas Wasser.

Christian: Wie läuft es denn bei dir in der Schule? Fordert dich die neue Generation an Schülerinnen und Schülern auch ordentlich?

Oliver: Das tut sie, aber der Teil des Berufes gereicht eher zur Freude. Dafür haben viele ihn gewählt. Der Überdruss sammelt sich dagegen, wenn die Eltern die Bühne des Schulalltags betreten. Bei jedem Elternabend, bei fast jedem Gespräch – eine Konstante ist sicher: den eigenen Spross gilt es zu beschützen; sofern eine Angelegenheit nicht zur Zufriedenheit funktioniert, das eigene Kind ist über jeden Zweifel erhaben. Neulich habe ich eine E-Mail an die Eltern einer Klasse geschrieben und doch tatsächlich einen Rechtschreibfehler übersehen. Ein erboster Vater schrieb an den gesamten Verteiler einen sarkastischen, mehrseitigen Kommentar zurück. Ich hoffe, dass diese Vertreter der Elternschaft bei der Selbstkritik genauso systematisch vorangehen wie bei der Fremdkritik!

Christian: Denen müsstest du doch mal ordentlich die Meinung sagen! Zumindest hat meine Bindungslosigkeit im Leben hier einen Vorteil: Keine dauerhafte Beziehung, keine Kinder, keine Rolle als Lehrer tyrannisierender Vater.

Christian bestellt noch ein Bier.

Oliver: Es bleibt nur das Lösungsmuster des Verständnisses, der Diplomatie und des Erduldens. Für die Unterstützung widerstandsfähiger Lehrkräfte ist die Schulverwaltung nicht unbedingt bekannt. Ohnehin sollte sie sich stärker darum kümmern, dass die modernste Technologie im Klassenraum bald nicht mehr der Overhead-Projektor ist.

Pause.

Oliver: Was machen deine geschäftlichen Projekte?

Christian: Ich kann nicht klagen, eher sogar mich selbst bejubeln. Wir haben jüngst einen wichtigen Auftrag an Land gezogen. Da reden wir über einen zweistelligen Millionenbetrag und eine Auslastung über mindestens vier Jahre. Die Kasse wird ordentlich klingeln – wobei sie in der heutigen Zeit zumeist ja eher piepst.

Oliver: Womit beschäftigt sich das Projekt?

Christian: Du hast doch wahrscheinlich von der Umgehungsstraße gehört, die auf der nördlichen Seite der Stadt geplant ist. Die werden wir bauen. Und das als Generalunternehmer – von den Tragschichten bis zum Asphalteinbau! Und der oberste Akquisiteur des Auftrages steht vor dir.

Oliver: Ich beglückwünsche dich, jedoch mit Ambivalenz. Ich hatte in der Lokalpresse gelesen, dass die Umweltverträglichkeitsprüfung für dieses Vorhaben zu einem abschlägigen Ergebnis geführt hat. Auch die Konsultation der Öffentlichkeit hat ja zu heftigen Reaktionen geführt.

Christian: Bedenkenträger, Nebensächlichkeiten ... und sie gehören inzwischen der Vergangenheit an. Sämtliche Anträge sind von der Kommunalverwaltung genehmigt worden. Am Ende war ich selbst überrascht, wie schnell im deutschen Bürokratiegeflecht doch manche richtungweisende Entscheidungen möglich sind.

Kommentator: Es gab schon einmal authentischere Gefühlsregungen als diese Überraschung.

Oliver: Das Erstaunen liegt tatsächlich auch auf meiner Seite. Der Umweltverein hatte sich in die Anhörungen eingebracht. Ich dachte, dass noch umweltverträglichere und die Artenvielfalt schonendere Planungsalternativen geprüft werden sollten … Wie dem auch sei – so langsam scheint sich unsere Veranstaltung hier aufzulösen. Wie kommst du nach Hause?

Christian: Eine Prise Bier hat die Geschmeidigkeit beim Fahren meines Flitzers schon immer erhöht.

Oliver: Ich verstehe es immer noch nicht, wie man für die paar Kilometer sein Auto in Betrieb setzen und Abgase produzieren kann. Bei dem guten Wetter hättest du zu Fuß gehen können. Aber das haben wir schon oft genug diskutiert.

Christian: Lass' mich die Pferdestärken satteln. Mein Bleifuß juckt.

Kapitel 2

I.

Andrea liest zuhause in ihrem Tagebuch und führt ein Selbstgespräch.

Andrea: Sie waren meine Seelentröster und meine Erinnerungsstütze, meine Tagebücher. Wie viele Jahrzehnte habe ich euch vernachlässigt und einstauben lassen? Wie schön und aufmunternd, sie in dieser mühevollen Zeit wieder durchzustöbern. Welch' kindliche Schrift ich hatte, und unbeschwerte Gedanken dazu!

Pause.

Andrea: Für jedes Geburtsgeschenk an meine Eltern habe ich mir Mühe gegeben. Mal habe ich ein Kreuzworträtsel entworfen, mal einen Blumenschmuck gestaltet. Es muss mir viel gelegen haben an ihnen und an unserem Zusammenhalt. Entfalten konnte ich mich, wie ich wollte … und gleichzeitig hatte ich immer einen Rückzugsort. Vielleicht hatte es Claudia als Älteste von uns nicht ganz so einfach. Wie schnell die wichtigen Erinnerungen verblassen.

Pause.

Andrea: Meinen Bruder musste ich damals häufiger in die Schranken weisen. Neugier und Egoismus waren schon zu dieser Zeit keine Zierde für ihn. Wir hatten eigentlich erwartet, er würde dem entwachsen. Ich hatte ihn damals häufiger im Verdacht, dass er heimlich in meinen Tagebüchern spioniert hat. Auf frischer Tat ertappt habe ich ihn nie. Doch hier und an anderen Stellen habe ich einen Hinweis geschrieben, dass er sich schämen solle, wenn er das jetzt lese … in der Hoffnung, dass sich zumindest eine Spur von Schamgefühl bei ihm einstelle.

Kommentator: Geschickte Strategie – ich vermute, er hat es gelesen, doch berührt hat ihn die indirekte Ansprache nicht.

Andrea: Schwärmereien, Herzklopfen, die erste Liebe … was war das für eine aufregende Zeit! Viele Experimente, Ungezwungenheit, Wallungen an Gefühlen in alle Richtungen – es war das greifbare Leben. Schärfer könnte nun der Kontrast kaum sein! Stand einst das Erleben in vorderster Linie, so ist es heute nur eines: Das Funktionieren. Wann und wohin ist nur die Leichtigkeit entschwunden? In der Kanzlei … den Klienten immer zu Diensten, unserer Tochter ... stets eine hilfreiche Stütze, dem eigenen Gatten ... eine mitfühlende Ehefrau, dem Freundeskreis ... eine zugewandte Seele, der Öffentlichkeit ... ein leistungsfähiges Allzweckgeschöpf. Ist es das, wonach ich strebe? Bin ich nicht Gefangene im selbstgeschaffenen System?

Pause.

Andrea: Habe ich die richtigen Entscheidungen getroffen? Es gab kreativere und traditionellere Wege ... und Kandidaten. Ich wählte immer die vernünftigsten Alternativen. Kann es mir jemand verdenken, kann ich es mir zugestehen, dass ich ausbrechen will, dass ich eine längst verwelkte Freiheit wieder zum Leben erwecken will? Ich bin auf Abwege geraten! Ich setze alles aufs Spiel. Nur um ein paar Stunden Geborgenheit in seinen Armen zu finden!

Kommentator: Jetzt wird es interessant ... mehr Details wären von hohem Interesse.

Andrea: Ich bin zerrissen. Was soll ich tun?

II.

Christian hält den wöchentlichen Jour fixe mit seinem Team ab.

Christian: Ich hoffe, Sie hatten einen guten Start in die Woche.

Zustimmendes Murmeln des Teams.

Christian: Dann haben Sie einen Vorrat an positiven Erlebnissen, von dem Sie jetzt zehren können. Mit dieser Begrüßung habe ich mein Reservoir an empathischer Führung schon aufgebraucht. Ich kann meiner dominanten Farbenergie einfach nicht entfliehen. Was steht diese Woche auf dem Programm? Am wichtigsten ist sicher die Abnahme des Baufortschritts bei unserer Multifunktionshalle. Hat eine Qualitätssicherung der Gewerke stattgefunden? Ich gehe einfach davon aus; hier dürfen wir uns keine Fehler leisten!

Ein Teammitglied: Alles ist sorgfältig vorbereitet.

Christian: Das will ich hoffen. Lassen Sie mir noch einmal alle Bauprotokolle und Tagesberichte zukommen. Da muss ich sicher noch einmal in der Tiefe einsteigen.

Ein Teammitglied: Wir sollten bis Ende der Woche auch noch gegenüber dem Personalbereich bestätigen, dass wir die Ergebnisse unseres Teams in der unternehmensweiten Mitarbeiterbefragung ausführlich erörtert und Maßnahmen abgeleitet haben.

Christian: Ich hatte die Ergebnisse doch vor einigen Wochen an alle verschickt; jeder von Ihnen wird sich zweifelsohne die richtigen Gedanken dazu gemacht haben. Daher bescheinigen Sie gegenüber den Kulturkadetten eine hingebungsvolle Beschäftigung sowie die Ableitung umfassender Maßnahmenbündel. Wenn uns jemand fragt, was das konkret bedeutet, verweisen wir auf die Maßnahme „Intensivierung der Kommunikation". Nichts anderes tun wir gerade – damit per heute erledigt.

Ein Teammitglied: Unsere Rückmeldung an die Nachhaltigkeitsabteilung ist noch überfällig. Den Entwurf unseres Beitrages zum Nachhaltigkeitsbericht hatte ich Ihnen vor zwei Wochen zukommen lassen. Außerdem müssten Sie noch die Entsprechenserklärung mit unserem Unternehmenskodex abzeichnen.

Christian: Ist denn das gesamte Unternehmen, unser ganzes Land in einen esoterischen Pudding eingetaucht? Man erlaube mir eine rhetorische Frage: Setzen wir eigentlich noch die richtigen Prioritäten?

Kommentator: Da entlarvt sich Christian nicht gerade als moderne Führungskraft: Wo ist die Achtsamkeit für Themen wie „Mitarbeiterzufriedenheit", „Nachhaltigkeit" oder auch „Sensibilisierung für geschlechterneutrale Kommunikation"?

Christian: Zurück zum Kerngeschäft – sowohl die Genehmigungsprozesse als auch die Auftragsvergabe für unsere Umgehungsstraße sind doch in trockenen Tüchern, oder?

Ein Teammitglied: Erstaunlicherweise ist das der Fall. Die kommunalen Behörden zeichnen sich zumeist durch eine an Verhinderung grenzende risikominimierende Bürokratie aus. Hier ging es zügig, zielorientiert … und sogar unter Verzicht auf eine europaweite Ausschreibung. Selbst die lokalen Medien sind unschlüssig, was sie davon halten und darüber schreiben sollen.

Christian: Das ist ein wahrer Grund zur Freude. Zum Leidwesen unseres Personalbereichs ist das Teammeeting und damit der kommunikative Höhepunkt der Woche jetzt beendet.

Die Teammitglieder verlassen den Raum.

Christian: Die Investitionen ungewöhnlicher Natur haben sich wirklich ausgezahlt.

III.

Claudia bereitet im Haus ihrer verstorbenen Eltern die Haushaltsauflösung vor.

Claudia: Hier bin ich an dem Ort, an dem ich aufgewachsen bin. An jedem Gegenstand hängt eine Erinnerung; die ungewohnte Stille drückt alles nieder! Sich an den liebsten Dingen seiner Eltern zu vergreifen, ist das nicht eine grausame Prozedur? Was bewahren, bei wem, was ziehen lassen, wie und an wen? Der Ratgeber empfahl: Lassen Sie sich etwas Zeit zur Verarbeitung nach der Beerdigung, wählen Sie erst die Gegenstände, die Sie zwingend behalten wollen, gehen Sie am besten nicht alleine in das Haus … alles habe ich beherzigt, nur niemanden zur Begleitung konnte ich gewinnen. Sind Abschied und Auflösung wirklich die rechte Wahl? Warum nicht Erinnerung, Andenken und Würdigung? Dieser Ort repräsentiert mehr als zwei Leben, auf wertvolle Art und Weise geführt. Es ist nicht rechtens, sich hier zu bedienen. Wir sollten diese Stätte des Gedenkens bewahren.

Claudia studiert das Testament ihrer Eltern.

Claudia: Auch ihren Nachlass haben sie – wie so Vieles – gemeinschaftlich geregelt. Wären sie nicht zeitgleich gestorben, wäre der überlebende Ehepartner Vorerbe gewesen; jetzt sind meine Geschwister und ich Alleinerben. Was für nüchterne Begrifflichkeiten! Fügt man alles zusammen, so ergibt sich ein eindeutiges Bild. Meine Eltern hätten nie formuliert, dass sie vermögend sind. Doch dieses großzügige Haus in bester Lage hat zweifelsfrei einen relevanten Wertzuwachs erfahren. Wir sollten es behalten, konservieren, vielleicht in Teilen vermieten. Doch erahne ich schon die Reaktion meiner Geschwister auf dieses Ansinnen. Sie werden schnell ein ungewohntes Einvernehmen entwickeln. Es sei zu aufwändig im Unterhalt … der finanzielle Zufluss aus dem Verkauf sei schon bei eigenen Vorhaben verplant …

Kommentator: Wie würden sich die Immobilienmärkte entwickeln, wenn jeder ein Mausoleum für seine Eltern leer stehen ließe?

Claudia: Wie kann ich überzeugen? Welche Argumente kann ich verwenden? Es muss einen Weg geben, diesen Ort zu beschützen. Das ist ein guter Zeitpunkt für kreative Lösungen.

Kapitel 3

I.

Andrea liegt mit ihrem Liebhaber Paul in dessen Wohnung im Bett.

Paul: War das nicht herrlich? Ich wünschte, diese Nähe würde uns zu jeder Zeit vereinen! Ich weiß, wir teilen dieselben Empfindungen. Warum müssen wir unsere Gefühle verbergen, das öffentliche Bekenntnis scheuen? Partnerschaften und Lebenssituationen ändern sich. Mit Leonie verstehe ich mich gut und uns verbinden gemeinsame Leidenschaften wie die Musik. Alles könnte so einfach und leicht sein. Ich bitte dich, rede mit Oliver, offenbare dich, gleich heute!

Andrea steht auf und zieht sich an.

Andrea: Unzählige Male haben wir es besprochen, hast du diese Forderung an mich gestellt. Oftmals habe ich gezweifelt, war unschlüssig und habe mit mir gerungen. Paul, ich bin dir zugewandt. Du hast meine Sympathie und mein Vertrauen. Vielleicht hätte sich unter anderen Umständen auch Liebe entwickeln können. Dennoch bin ich jetzt entschlossen. Mag mein Leben auch sehr geordnet und wenig farbenfroh wirken, so ist es das meine und das, was ich erstrebe. Auch mag das, was manchem und manchmal eher blass erscheint, durch die Augen anderer durchaus bunt erstrahlen.

Pause.

Andrea: Unsere intimen Treffen müssen enden. Es liegt kein Segen auf ihnen. Sie versperren unser beider Wege zu einem zufriedenen Leben.

Paul: Sie versperren nicht den Weg … sie sperren das Tor zum Glück doch erst auf! Ich flehe dich an, beende es nicht … Du zerreißt mein Herz!

Andrea: Auch mich schmerzt der Verlust; doch die Entscheidung ist getroffen. Wir bleiben freundschaftlich verbunden. Ich bin mir sicher, dass sich nach kurzer Trauer neue Horizonte für dich öffnen werden.

Andrea verlässt die Wohnung.

Paul: Alleine sitze ich hier … verschmäht. Ich hatte es befürchtet; irgendwann würde sie den Stecker ziehen. Nichts wird sich öffnen, alle Horizonte haben sich verdunkelt. Ich kann es nicht akzeptieren. Es muss möglich sein, sie zu gewinnen. Besondere Situationen rechtfertigen ungewöhnliche Maßnahmen. Zuweilen müssen Menschen zur Erfüllung ihrer Träume gezwungen werden. Ein Trumpf verbleibt in meinen Händen.

Paul holt eine versteckte Kamera aus der Schrankwand.

Kommentator: Er wird doch nicht … das ist ja unerhört! Das hätte ich unserem braven, musikalischen Hausfreund nun wirklich nicht zugetraut.

Paul: Es war eine weise Entscheidung, unser Beisammensein auch filmisch zu dokumentieren. Wenn sie diese Innigkeit sieht, wird sie sich erinnern und den richtigen Pfad einschlagen.

II.

Christian unterhält sich mit dem Kommunalpolitiker Markus Schauff am Rande einer Bürgerveranstaltung zum Bau der Umgehungsstraße. Oliver hört heimlich zu.

Christian: Sehen Sie, wie sie sich wieder echauffieren? Sie suchen nach Argumenten gegen das Großprojekt … und seien die Belege auch nur zwischen gefährlichem Halbwissen und hanebüchener Natur zu verorten … und sie tragen sie mit hoher Inbrunst vor. Dabei ist der Bau auch aus ökologischer Sicht vorteilhaft. Die Fahrzeugkolonnen werden sich nicht mehr emissionsintensiv durch die Innenstadt quälen müssen. Letztendlich treibt viele Protagonisten hier der Egoismus. Jeder will den Fortschritt, aber keiner durch seine Schrebergärten.

Markus Schauff: Ich kann Ihnen nur zustimmen. Wem an nachhaltigem Wirtschaften gelegen ist, der müsste der größte Befürworter vieler öffentlicher Infrastrukturvorhaben sein – sei es bei der erneuerbaren Energiegewinnung, bei Stromtrassen oder dem Ausbau des Schienenverkehrs. Sobald es allerdings konkret wird, bildet sich eine abwehrende Allianz aus individuell Betroffenen, grundsätzlichen Strukturkonservierern und der deutschen Planungsbürokratie.

Christian: Umso mehr freut es mich, dass dieses Projekt den planerischen Hürdenlauf in Verwaltung und Justiz in Rekordzeit bewältigt hat. Diese Umgehungsstraße wird bald Realität werden. Ich danke Ihnen für Ihre Unterstützung, auch wenn sie nicht wirklich preisgünstig gewesen ist.

Markus Schauff: Wir sollten das nicht an diesem Ort diskutieren …

Christian: Einen unauffälligeren Schauplatz, um unser produktives Tauschgeschäft nochmals zu würdigen, lässt sich doch kaum erdenken. Ich sehe hier eine eindeutige Win-win-win-Situation. Die Gesellschaft erhält eine wünschenswerte Verkehrsinfrastruktur in vergleichsweise kurzer Frist. Ich habe einen veritablen Bauauftrag in der Tasche. Und ich hoffe, dass der osteuropäische Bautrupp die Generalsanierung Ihres Hauses bereits zur Zufriedenheit abgeschlossen hat … Ein zusätzlicher Gewinner sind im Übrigen Ihre Partei und Ihr Wahlkampf, die sich weiterhin großzügiger Geld- und Sachleistungen werden erfreuen können.

Kommentator: Recht unverfroren, unser Christian. Der Zweck heiligt wohl kaum das Mittel der Bestechung. Zumindest scheint der mitlauschende Oliver das ähnlich zu sehen.

Markus Schauff: Mich plagt das schlechte Gewissen unerbittlich. Was, wenn wir irgendwann entlarvt werden? Ich könnte mich jeden Tag dafür knechten, mich in diese Lage gebracht und so angreifbar gemacht zu haben. Hätte ich mich nur niemals darauf eingelassen! Gibt es eine Reset-Taste? Wie kann ich es wieder ungeschehen machen? Dabei war nicht einmal ich es, der dieses wahnwitzige Unterfangen initiiert hat.

Christian: Bei der Bestechung ist es wie bei der Liebe: Es gehören immer mindestens zwei dazu. Insofern sollten Sie sich nicht zu sehr grämen. Man sollte seine Energie auf Dinge lenken, die man noch beeinflussen kann. In Abwesenheit der Möglichkeit von Zeitreisen gehört die Vergangenheit nicht dazu. Daher ist Verdrängung das Gebot der Stunde.

Christian und Markus Schauff verabschieden sich und schlendern in unterschiedliche Richtungen auseinander. Oliver verlässt unerkannt sein Versteck.

III.

Claudia trifft die Notarin Dr. Seebach in deren Büro, um die Testamentsvollstreckung zu besprechen.

Claudia: Ich freue mich sehr, dass wir uns heute seit Längerem wieder begegnen dürfen – wenn auch diesmal in tragischer Angelegenheit. Zum großen Bedauern meiner Geschwister und mir sind unsere Eltern kürzlich verstorben. Wir können es noch nicht begreifen. Als Älteste baten sie mich, Ihren Rat bei den testamentarischen Sachverhalten einzuholen.

Dr. Seebach: Mein tiefes Beileid will ich Ihnen übermitteln. Ihre Eltern waren mir nicht gut bekannt; dennoch hatte ich stets hohen Respekt vor ihnen.

Claudia: Ich danke Ihnen. Hiermit händige ich Ihnen das Testament meiner Eltern aus, das sie stets im Safe bei ihrer Bank aufbewahrt haben. Zur Sicherheit habe ich auch mehrere Kopien anfertigen lassen, auch wenn diese zunächst sicher keinen beglaubigten Charakter haben.

Dr. Seebach: Vielen Dank. Ich freue mich, dass Sie mir das Vertrauen schenken, Ihre Familie auf diesem schwierigen Weg zu begleiten. Das entbindet Sie allerdings nicht von der Verpflichtung, das Dokument auch unverzüglich beim Nachlassgericht abzuliefern.

Claudia: Ich habe es noch nicht gelesen; ich vermute, das Dokument birgt nur wenige Überraschungen in sich.

Dr. Seebach: Die erste ist allerdings bereits formaler Natur, was die Situation nicht vereinfacht. Ein eigenhändiges Testament bedarf der handschriftlichen Form des Erblassers, in diesem Fall einer Ihrer beiden Elternteile. Dieses Dokument ist allerdings auf dem Computer verfasst und ausgedruckt worden. Zumindest haben beide eigenhändig unterschrieben und jede Seite paraphiert. Trotzdem ist das Testament unter rein formalen Gesichtspunkten unwirksam.

Kommentator: Nicht wirklich glaubhaft, dass diesen vorbildlichen Eltern das Einmaleins der Nachlassvorbereitung nicht geläufig gewesen sein soll.

Dr. Seebach: Inhaltlich sind die Regelungen des Testaments durchaus üblich. Ist Ihnen und Ihren Geschwistern allerdings bekannt, dass Sie als Alleinerbin eingesetzt sind und die Erbschaft Ihrer Geschwister auf den Pflichtteil begrenzt sein soll?

Kommentator: Sie suchte nach kreativen Lösungen und fand die Fälschung.

Claudia: Wir haben das Thema in unseren vielen Gesprächen immer ausgespart. Ich mag es mir erklären, weil ich mich in den betreuungsintensiveren letzten Jahren doch stärker um unsere geliebten Eltern gekümmert habe. Auch haben sie vielleicht die Hoffnung gehegt, dass unser familiäres Zuhause in Familienhand bleibt. Es stellt den wesentlichen Vermögenswert dar. Ist das Erbe meiner Geschwister auf den Pflichtteil begrenzt, kann ich es finanziell möglicherweise halten und meine Geschwister auszahlen. Vielleicht hat auch das meine Eltern zu diesem Vorgehen motiviert.

Dr. Seebach: Interessant. Ich danke für Ihre Einschätzung. Entscheidend wird sein, ob Ihre Geschwister diese Regelungen aus einem formunwirksamen Testament auch anerkennen. Wir sollten das in einer gemeinsamen Sitzung besprechen.

Claudia: Vielen Dank. Ich nehme das in die Hand.

Kapitel 4

I.

Christian und Paul schauen abends gemeinsam ein Fußballspiel in einer Sportbar.

Christian: Was war das für ein Spiel! Ein guter Beleg dafür, warum Fußball die Weltsportart Nummer eins ist – und wenn dann noch die Mannschaft gewinnt, für die das eigene Herz schlägt, umso besser! Das erleichtert es auch, die Schattenseiten des begleitenden Funktionärs- und Finanz-Sportsystems besser zu ertragen.

Pause.

Christian: Insgesamt könnte meine Lebenszufriedenheit derzeit kaum höher sein. Beruflich alles im Griff, demnächst einen relevanten Erbanteil in der Kasse, mit einem langjährigen Freund in einer Sportbar, mit einigen Bier die Kehle schon befeuchtet … einfach herrlich.

Pause.

Christian: Paul, Du erscheinst mir heute Abend allerdings recht schweigsam – durstig, aber schweigsam. Hast du dich mit deinem von dir so geliebten Geigenbogen verletzt?

Paul: Ich bin nur etwas in Gedanken verloren. Mach' dir keine Sorgen … kein Grund für eine eingehendere Beschäftigung.

Christian: So einfach kommst du mir nicht davon. Dein Blick verrät es: Dreht sich deine innere Marter vielleicht um eine Vertreterin des weiblichen Geschlechts?

Paul antwortet nicht und versucht schweigend, das Gespräch auslaufen zu lassen.

Christian: Wir kennen uns lange; ich bin dein Freund. Raus mit der Sprache! Oder muss Folter angewendet werden?

Paul: Ich muss zugeben, du hattest schon immer eine bemerkenswerte Fähigkeit, mich zu durchschauen.

Kommentator: Ob Paul sich mit einer offenherzigen Beichte wirklich einen Gefallen tun würde?

Paul: Du erinnerst dich an unsere gemeinsame Jugend. Schon damals hatte ich eine Phase der Schwärmerei für ein Mädchen, die über die Jahrzehnte nie ganz abgeklungen ist. In den letzten Monaten sind wir uns dann tatsächlich nähergekommen. Ich liebe sie, sie bedeutet mir alles! Sie ist allerdings gebunden, verheiratet, hat eine Tochter. Vor einigen Tagen hat sie mir eröffnet, dass unsere Beziehung beendet sei. Für sie war es nur eine Affäre … etwas, das man einfach ein- und ausschalten kann! Ich bin der unglücklichste Mensch auf Erden; ich überlege, was ich tun soll … Moralisches und Unmoralisches. Wahrscheinlich bleibt nur die Kunst des duldsamen Ertragens und Verarbeitens.

Christian: Das sind wahrhaft Neuigkeiten, bedauerlicherweise betrübliche, die du hier schilderst. Mein Mitgefühl ist dir sicher. Eine zentrale Information hast du jedoch ausgespart. Um wen handelt es sich denn bei der unglücklich Auserwählten?

Paul: Ich würde diesen Teil der Antwort gerne aussparen, weiß aber, es wäre ein vergebenes Unterfangen. Es ist deine Schwester Andrea.

Christian: Donnerwetter!

II.

Andrea und Oliver unterhalten sich beim Kochen.

Oliver: Du wirkst die letzten Tage so heiter und geradezu befreit. Es ist eine wahre Freude, dich so zu erleben.

Andrea: Vielen Dank. Wie du weißt, hatte ich eine Phase des Zweifelns und des Haderns. Das ist vielleicht von Zeit zu Zeit auch ganz natürlich. Jetzt bin ich mit mir im Reinen, fühle mich gesund und voller Tatendrang.

Kommentator: Das schlechte Gewissen, weil sie ihren Ehemann betrogen hat, scheint sie schon einmal nicht zu plagen.

Oliver: Ich genieße das Leben mit dir und Leonie auch sehr. Leider muss ich dir allerdings etwas berichten, was möglicherweise der guten Stimmung abträglich ist. Dein Bruder Christian kann vor Stolz und Kraft derzeit bekannterweise kaum laufen. Er hat den Auftrag zum Bau der Umgehungsstraße für sein Unternehmen akquiriert.

Andrea: Das ist weder eine Neuigkeit noch zwingenderweise negativ zu beurteilen.

Oliver: Da hast du recht. Christian und ich hatten uns am Rande der Beerdigung kurz über das Projekt unterhalten. Schon damals machte es mich ausgesprochen misstrauisch, dass berechtigte Einwände aus ökologischer Sicht im Rahmen der Planungsphase nicht gehört worden sind. Die Bewilligung durch die Kommunalverwaltung erfolgte im Schnelldurchlauf, die Auftragsvergabe ohne die eigentlich vorgeschriebene Ausschreibung.

Andrea: Manchmal muss man eben zur richtigen Zeit am richtigen Ort sein und Glück haben …

Oliver: … oder dem Schicksal auf unlautere Art und Weise nachhelfen. Vor Kurzem war ich mit einigen Kolleginnen und Kollegen aus dem Umweltverein bei einer Bürgerveranstaltung zum Bau der Umgehungsstraße. Es war purer Zufall, dass ich, ohne bemerkt zu werden, ein Gespräch zwischen Christian und dem Kommunalpolitiker Markus Schauff verfolgen konnte.

Andrea: Du hast gelauscht, spioniert?

Oliver: Hätte ich die Gelegenheit gehabt, mich bewusst in die Situation des Mithörens zu bringen, so hätte ich sie gewählt. Insofern hast Du mich überführt. Tatsächlich war es aber eine unvorhergesehene Fügung. Dass die Umgehungsstraße in dieser Art und so zügig gebaut wird, dass Christians Unternehmen den Auftrag bekommen hat … ist das Ergebnis einer Bestechung durch deinen Bruder. Dem Politiker hat er gratis das Haus sanieren, der Partei nicht deklarierte Spenden zukommen lassen. Es tut mir leid, dass ich dich mit dieser Nachricht belasten muss.

Andrea: Es ist schockierend! Mir war bewusst, dass er nicht die Tugendhaftigkeit in Person ist … aber eine Bestechung in dieser Dimension? Das hätte ich ihm nicht zugetraut.

Oliver: Was sollen wir tun?

Andrea: Es ist ein Verdacht. Es gibt keine Beweise. Er ist mein Bruder. Ich danke dir dafür, dass du mich eingeweiht hast. Ich nehme mich der Sache an.

Kapitel 5

I.

Die Geschwister Claudia, Andrea und Christian treffen sich bei der Notarin Dr. Seebach.

Dr. Seebach: Ich heiße Sie herzlich willkommen und möchte Ihnen hiermit nochmals mein herzlichstes Beileid aussprechen. Ich bedanke mich für Ihr Vertrauen, dass Sie mich als Beraterin in Ihrer Erbschaftsangelegenheit hinzuziehen. Zunächst muss ich Ihnen mitteilen, dass das Nachlassgericht das Testament aufgrund der nicht handschriftlichen Erstellung als formunwirksam feststellen wird. Somit kommt es letztendlich darauf an, dass Sie diese Regelungen gemeinschaftlich anerkennen. Ansonsten gilt die gesetzliche Erbfolge.

Andrea: Ich wundere mich, dass unseren doch eher zu Gründlichkeit neigenden Eltern ein solcher Formfehler unterlaufen sein soll.

Dr. Seebach: Darüber hinaus ist Ihnen wahrscheinlich bewusst, dass Claudia Haag als Alleinerbin vorgesehen ist und Andrea Haag-Schender und Christian Haag den Pflichtteil erhalten sollen.

Christian: Ungeheuerlich! Das darf und kann nicht sein. Unsere Eltern hätten niemals eine derart spaltende Verfügung getroffen! Unter keinen Umständen werde ich dem zustimmen.

Andrea: Mir ist es auch schleierhaft. Was hätte die treibende Kraft für eine solche Entscheidung sein können? Claudia, kannst du dir das erklären?

Claudia: Ihr seht mich hier an Ort und Stelle selbst zutiefst überrascht.

Kommentator: Eine dreiste Lüge, gekonnt vorgetragen!

Claudia: Vielleicht war es ein Dank für die dauerhafte Unterstützung. Vielleicht strebten sie an, dass ihr Haus im Familieneigentum bleibt. Das war auch mir immer das größte Anliegen. Es wäre über diesen Weg gesichert. Niemals würde ich unser Heim veräußern, das Andenken an unsere Eltern verraten.

Christian: Du nimmst dich großzügig der Organisation der Testamentsvollstreckung an. Plötzlich taucht ein nicht authentisches Dokument auf … mit überraschendem und dir persönlich sehr genehmem Inhalt. Es kann Zufall sein, es muss aber nicht. Liebe Frau Dr. Seebach, würden Sie uns bitte kurz alleine lassen? Wir würden das weitere Gespräch gerne ohne Anwesenheit einer Amtsträgerin fortführen.

Die Notarin verlässt den Raum.

Christian: Liebe Claudia, für das, was du dir hast zuschulden kommen lassen, gibt es einen passenden Begriff: Fälschung! Immer hast du dich so ehrenhaft gegeben und dem Willen unserer Eltern verschrieben. Und jetzt das! Gestehe!

Andrea: Auch mir scheint das, was hier verfasst ist, nicht einsichtig. Hast du etwas zu beichten?

Claudia: Ein hehres Ziel leitete mich: Die Würde unserer Eltern, repräsentiert in unserem familiären Heim, zu bewahren. Niemals würde ich selbstsüchtige Interessen verfolgen. Das war es, was mich zu diesem Kunstgriff verführt hat.

Christian: Die Tugend in Person – das ist die einschüchternde Aura, die du dir immer verliehen hast.

Es war wohl tatsächlich nur eine Leihe. Jetzt kommt dein wahres Ich zum Vorschein! Ich verachte dich, Betrügerin!

Andrea: Claudia, du hast einen großen Fehler begangen, den es zu korrigieren gilt. Liebster Bruder Christian, die Rolle des Moralapostels und des Tugendwächters steht dir allerdings am allerwenigsten!

Christian: Schon immer war ich euer Blitzableiter, euer Kratzbaum. Ich bin dem entwachsen. Andrea, gerade heute, da Claudia sich dem Jüngsten Gericht präsentiert, lasse ich mir eine solche Beschuldigung nicht gefallen!

Andrea: Das Gericht hat heute einen umfangreichen Terminplan. So euphorisch und voller Stolz hast du jedem, bei dem du auch nur ein flüchtiges Ohr gefunden hast, von deinem beruflichen Erfolg, dem Auftrag zum Bau der Umgehungsstraße, erzählt. Es gab manch' Zweifelnden, doch ich weiß, was tatsächlich geschehen ist. Auch dafür gibt es einen passenden Begriff: Bestechung!

Christian: Woher in aller Welt ...

Andrea: … ich davon Kenntnis erlangt habe? Diese Information werde ich im Dunklen belassen. Eines steht auf jeden Fall fest: Du hast die Kommunalverwaltung bestochen … illegale Parteispenden gesellen sich noch dazu! Dein Recht auf moralische Urteile ist damit sicherlich verwirkt!

Kommentator: Es könnte kaum anregender sein – heute ist doch wirklich der Tag der unerwarteten Offenbarungen.

Christian: Nun ja, Andrea, dann beanspruchst du heute wohl alleine den Thron der Anständigkeit und Makellosigkeit. Es wäre interessant zu erfahren, ob dein werter Ehemann Oliver dich weiter darauf beließe, wenn er von deinen parallelen Liebschaften mit alten Freunden des Hauses wüsste. So viel Leidenschaft hätte ich dir nicht zugetraut! Nach außen habt ihr immer das Stück einer Vorzeigefamilie aufgeführt.

Andrea: Ich bin erschüttert. Hat Paul es dir erzählt? Es ist eine Episode der Vergangenheit. Ich bin enttäuscht von mir selbst, aber noch mehr von uns dreien. Wie konnte es nur soweit kommen?

Claudia: Alles wird brüchig. Ich bin überfordert. Orientierungslosigkeit macht sich bei mir breit. Je länger wir reden, umso mehr verlieren wir uns.

Claudia: Lasst uns einige Minuten abkühlen, über uns selber nachdenken und dann draußen wieder treffen.

II.

Die Geschwister spazieren an einem Bach in der Nähe des Notariats. Der Kommentator sitzt auf einer nahegelegenen Bank.

Andrea: Zumindest begleitet uns ein glasklares Gewässer bei unserem schwierigen Gespräch. Moralische Klarheit haben wir bedauerlicherweise alle drei vermissen lassen. Wir sind gleichrangig in unserer Tugendlosigkeit.

Claudia: Alle Zutaten sind uns gegeben gewesen, ein rechtes Leben zu führen und den gegenseitigen Respekt zu pflegen. Es wäre das vornehmste Anliegen unserer Eltern gewesen, dass wir uns trotz unterschiedlicher Lebenspfade und Beziehungsintensitäten als ein Team verstehen.

Christian: Ich gebe es ungern zu. Aber es ist die Zeit der Reflexion und Umkehr. Materielle Ziele und eine achtungsfreie Ironie habe ich mir zu stark zur Gewohnheit gemacht. Zum Anlass will ich mir unser Dilemma nehmen, vieles in meinem Denken und Wirken einer Prüfung zu unterziehen.

Andrea: Lasst uns die Krise zur Festigung nutzen!

Andrea: Ich gelobe Treue gegenüber meinem Ehemann und unserer Geschwisterschaft sowie ewiges Schweigen über die heutigen Vorkommnisse.

Claudia: Ich gelobe, die gewollten Erbverhältnisse Wirklichkeit werden zu lassen, unsere geschwisterliche Gemeinschaft zu pflegen sowie ewiges Schweigen über die heutigen Vorkommnisse.

Christian: Ich gelobe, Bestechung künftig aus dem unternehmerischen Werkzeugkoffer zu verbannen, unsere geschwisterliche Gemeinschaft zu pflegen sowie ewiges Schweigen über die heutigen Vorkommnisse.

Kommentator: Aus einem zynischen Blickwinkel wird mir die Veranstaltung hier eindeutig zu harmonisch. Gelöbnisse zum Guten überall, wohin man sich wendet! Wo verbleibt da die Würze im Dasein? Das kann ich nicht zulassen! Wer gedacht hat, ich sei nur ein beobachtender Kommentator, der hat sich getäuscht! Ich habe bereits in dieses Geschehen eingegriffen und mir das filmische Material über die Liebschaft von Andrea gesichert. Spannend war es, dies noch einmal Revue passieren zu lassen. Es wäre nicht angemessen, diesen Genuss nur sich selbst zuzugestehen.

Der Kommentator zieht ein Smartphone aus seiner Tasche. Die Geschwister werden auf ihn aufmerksam.

Kommentator: Die Breite der Jüngerschaft sozialer Medien wird sich sicherlich darüber freuen, sich das Liebesspiel von Andrea und Paul zu Gemüte zu führen. Gerne werde ich es beobachten und kommentieren, wenn der Ehemann und die Tochter von Andrea darauf aufmerksam gemacht werden. Daher lade ich es jetzt hoch!

Die Geschwister: Wer als Kommentator eingreifen kann, der kann auch ergriffen werden. Auf ihn!

Die Geschwister stürzen sich auf den Kommentator und reißen ihm das Smartphone aus der Hand.

Nutritheismus

I.

Intensive Bemühungen und ein Zeitraum von mehreren Jahrzehnten waren bis zur Erreichung des Ziels erforderlich gewesen, dass die nutritheistische Glaubensgemeinschaft als „die Wesenskriterien einer Religion erfüllend" eingestuft und als eigenständige Rechtspersönlichkeit anerkannt wurde.

Transformative Entwicklungsphasen in den Ausprägungen der menschlichen Suche nach Sinn und Transzendenz sind ein bekanntes geschichtliches Phänomen. Wenig überraschend hatten sich daher andere Akteure – gerade in den westlichen Gesellschaften – mit dem Relevanzverlust der traditionellen Religionen den Weg auf das Spielfeld der Spiritualität gebahnt.

Die frühen Phasen waren geprägt von heterogenen, zunehmend amalgamierenden Strömungen. Themenfelder wie Ernährung, Fitness und Einklang von körperlichem und seelischem Wohlbefinden gewannen stark an Zulauf und gleichzeitig einen immer ganzheitlicheren Charakter.

Digitale, wissenschaftliche und prophetische Theorien, Modelle und Instrumentarien stärkten das Fundament. Verbindendes Element all dieser verschiedenartigen Entwicklungen war ein in die Spiritualität hineinreichender Gesundheits- und Ernährungsbegriff.

Der Nutritheismus wäre vielleicht im Sande verlaufen, hätten sich nicht prominente Propheten herauskristallisiert, die aus den fragmentarischen Einzelsichten einen offenbarenden Überbau geformt hatten. Urgemeinden entwickelten sich insbesondere im Umfeld von Ernährungscoaches, Yoga- und Fitness-Gruppen sowie deren analogen und digitalen Plattformen.

Der Pfad der Institutionalisierung und der Formung der öffentlichen Wahrnehmung – weg von einer vermeintlich diffamierenden Einordnung als Sekte – war mühsam, doch letztendlich erfolgreich. Die offizielle Anerkennung verschaffte den Zugang zu bedeutsamen staatlichen Privilegien; die Krönung stellte die Möglichkeit des nutritheistischen Religionsunterrichts zumindest an ausgewählten Bildungseinrichtungen dar.

II.

Das Curriculum in den mittleren Jahrgängen der weiterführenden Schulen besteht aus mehreren sich schrittweise vervollständigenden Lernblöcken. Zunächst stehen die begrifflichen, philosophischen und religiösen Grundlagen des Nutritheismus im Vordergrund.

Das Heilsangebot der Nutristen, wie sie bisweilen abgekürzt bezeichnet werden, liegt nicht in der Erlösung durch externe Götter, Heilige oder andere Glaubensangebote. Das Metaphysische liegt im Weg nach Innen – in der Gewissheit, das innere Wohlgefühl und die Minimierung von künftigen Lebensbeeinträchtigungen bestmöglich zu unterstützen. Präventive Reinheit anstelle von abstrakter Gnade Dritter.

Auch die Sehnsucht nach der Überwindung der eigenen Endlichkeit wird bedient. Zunächst unterliegt die Überdurchschnittlichkeit der Lebenserwartung von Mitgliedern dieser Religionsgemeinschaft einer engen Überwachung und regelmäßigen zeremoniellen Würdigungen. Systematisch gepflegte Gendatenbanken und die traditionelle Kryokonservierung anstelle von Beerdigungen wecken die Hoffnung auf ein Leben nach dem (ersten) biologischen Tod.

Dieses Heilsversprechen ist eingebettet in ein umfassendes Natur- und Nachhaltigkeitsverständnis – keine persönliche Gesundheit ohne Naturgesundheit.

Die Offenbarung ist niedergelegt in einem knappen, spirituellen Zwecken dienenden Glaubensbekenntnis, das von den Schülerinnen und Schüler auswendig zu lernen ist.

III.

Raum für religiöse Begegnungen bieten integrierte Mobilisierungs-, Ernährungs- und Meditationsstätten – kurz MNMs (die Abkürzung referenziert auf die englischsprachige Bezeichnung).

Die Andachtsräume sind auf zentrale Symbole von stilisierten menschlichen Körpern mit aufwärtsstrebender Tendenz ausgerichtet. Dort werden die sakramentalen Riten durchgeführt. Hierzu gehören die pränatale Diagnostik, die erstmalige Implantierung von Energie-Messgeräten in einen der Arme unmittelbar nach der Geburt, der Austausch des biologischen und Gen-Profils kurz vor der Verlobung sowie die Konservierungszeremonien zum (zwischenzeitlichen) Lebensende.

Die Implantate sowie digital verbundene Mobilisierungs- und Trainingsgeräte zu Hause erlauben der Gemeinde eine kontinuierliche Sicht auf das biologische Wohlbefinden ihrer Mitglieder. Der Tages- und Wochenrhythmus ist stark durch Fitness-, Mahlzeit- und Meditationspläne reglementiert, die stets die neuesten medizinischen und ernährungswissenschaftlichen Forschungsergebnisse reflektieren und deren Grundlagen einen wesentlichen Lernstoff bilden.

Nutritheistische Vertreter der Philosophie und Politologie haben auch erste Entwürfe von gesellschaftlichen Konzepten erstellt, die die Ideen der Individual- und Volksgesundheit stärker in den kollektiven Feldern der Politik, Wirtschaft und des Gesundheitswesens verankert sehen wollen. Die ethischen Bedenken der Mehrheitsbevölkerung haben eine Verwirklichung dieser Ideen bisher nicht ermöglicht.

IV.

Ohne große Begeisterung lauscht Pia ihrem Religionslehrer, der voller Insipration über die neuesten Forschungsergebnisse der Wirkung von Meditation auf das limbische System und daraus abgeleitet die menschliche immunologische Widerstandsfähigkeit referiert.

Ihre Eltern waren ungefähr zu dem Zeitpunkt konvertiert, als sie im letzten Jahr den Kindergarten besuchte. Nicht ohne Grund hatten sie ihr den Namen Pia – motiviert durch ihre ursprünglich christliche Ausrichtung – gegeben. Wie so häufig bei Konvertiten sind sie jetzt umso fanatischer in ihrem neuen nutritheistischen Betätigungsfeld.

Sie kann sich noch gut an ihre späte Taufe mit begleitender Chip-Implantation erinnern. Sie hatte die Babys um sie herum beneidet, da sie diese Prozedur nicht mit dem aktiven Bewusstsein eines Kindes über sich ergehen lassen mussten.

Sie teilt die spirituelle Leidenschaft ihrer Eltern nicht. Die permanente Fokussierung auf das eigene biologische Innere, die regelmäßigen Abgleiche von vermeintlichen gesundheitlichen Fortschrittsdaten sowie die überstrukturierten Tagesabläufe empfindet sie als kaum hinnehmbare Zumutungen.

Daher denkt sie schon länger über Wege nach, sich diesem zu entsagen. Es ist nicht einfach, sich einer sehr geschlossenen Gemeinde mit ihren Eltern in einer maßgeblichen Rolle zu entziehen. Sie hat jedoch eine Fluchtmöglichkeit in der Literatur gefunden und beschäftigt sich intensiv mit Denkern und Philosophen der letzten Jahrhunderte.

Dabei hat sie festgestellt, dass Vieles, was sie erlebt und was sie sich nicht zu eigen machen will, schon in der weiter zurückliegenden Vergangenheit kritisch reflektiert worden war.

In der kleinen Pause vor der zweiten Einheit der Doppelstunde im Fach Religion fasst sie sich ein Herz, schreibt unbemerkt einige Zitate mit Kreide an die etwas anachronistische Tafel und klappt sie zu.

Der Lehrer beginnt den Unterricht voller Elan und schreckt zurück, als er den Text an der Tafel bemerkt:

Friedrich Nietzsche (1844–1900): „Gesundheit ist dasjenige Maß an Krankheit, das es mir noch erlaubt, meinen wesentlichen Beschäftigungen nachzugehen."

Erich Fromm (1900–1980): „Weil ich verlieren kann, was ich habe, mache ich mir natürlich ständig Sorgen, dass ich verlieren werde, was ich habe ... So lebe ich in ständiger Sorge und leide an chronischer Hypochondrie, nicht nur in Bezug auf Krankheiten."

Talkshow

Das Phänomen der Polit-Magazine, Talkshows und des Infotainments dominiert die Hauptsendezeiten in der Landschaft traditioneller TV-Medien. Oftmals stehen die Unterhaltung und Kultivierung des Streits und nicht der sachliche Inhalt im Vordergrund. Da benötigt es eine Beate aus Bamberg, die die Dinge wieder geraderückt.

Teilnehmer der Talkshow:

Moderator: *Moderator der Talkshow*
E. P.: *Europäische Politikerin*
M. V.: *Medienvertreterin*
N. P.: *Nationaler Politiker*
W. V.: *Wirtschaftsvertreter*

I.

Kurze, schnittige Animationen und Kameraführungen, begleitet durch eine erst bebende, dann schleichend verklingende musikalische Untermalung, versuchen beim Zuschauer eine Dynamik und ein Relevanzgefühl für das Bevorstehende zu erzeugen, die in krassem Widerspruch zu dem eher trostlosen Innenleben im Studio stehen. Im Übrigen auch im Widerspruch zu der Tatsache, dass dies eine nahezu wöchentlich wiederkehrende Routine darstellt.

Eine weibliche Stimme aus dem Hintergrund kündigt den Moderator an. Die Kameras nehmen ihn langsam herangleitend ins Visier – in lässiger Körperhaltung hinter einer Symbiose aus Bistrotisch und Stehpult. Mit ernstem Blick begrüßt er die Gäste und die Zuschauer.

Moderator: „Schönen guten Abend und herzlich willkommen zu unserer heutigen Gesprächsrunde. Unser Thema lautet: Macht. Wie gelangen die Mächtigen unserer Zeit in ihre Ämter? Woher ziehen die Potentaten ihre Rechtmäßigkeit und inwieweit legen sie Rechenschaft ab? Welche Instrumente …"

Der Bruch der Regularien derartiger Veranstaltungen tritt ungeahnt rasch ein: Die Gäste fallen dem Moderator ins Wort – voller Empörung ungeordnet durcheinanderredend:

„… unerhört …", „… der Begriff ‚Potentat' ist in keiner Form angemessen …", „… stellt Vergleiche zu Akteuren und Rezepten totalitärer Regime her …", „… ich bin unsicher, ob uns machtpolitische Kategorien in dieser Diskussion weiterbringen …, „… diese Einleitung war so nicht mit meinem Büro abgesprochen …".

Der Moderator ist sichtlich oder vielleicht auch nur vermeintlich überrascht angesichts der impulsiven gruppendynamischen Reaktion auf seine einleitende Terminologie. Er unternimmt den Versuch der Einordnung und Relativierung:

„Der Begriff ‚Potentat' entstammt dem lateinischen Wort ‚potens', das in erster Ableitung (zugegebenermaßen neben anderen) mit ‚mächtig' übersetzt werden kann. Würden Sie sagen, dass Sie in Ihren Funktionen nicht machtvoll sind? Haben Sie Schwierigkeiten mit der Verwendung des Begriffes ‚Macht'? ‚Herrschaft' würden Sie vermutlich nicht bevorzugen, sind vielleicht eher ‚Leitungsverantwortung' oder ‚Einfluss' genehm?"

Die Gäste reagieren unwirsch und gleichzeitig wenig schlagfertig. Schnell versandet diese rhetorische Episode ergebnislos. Erster Punktsieg des Moderators.

Anschließend leitet er zur Vorstellung der Gesprächsteilnehmer über. Diese Aufgabe übernimmt wieder die Stimme aus dem Off. Die jeweils Angesprochenen blicken bei ihrem Aufruf mal selbstbewusst nickend, mal suchend oder verlegen in Richtung Kamera:

„Frau E. P. ist eine Europapolitikerin durch und durch. Als Mitglied der Europäischen Kommission ist sie eine intime Kennerin und Gestalterin des institutionellen Europas."

„Herr N. P. ist in verschiedensten politischen Rollen langjähriger Repräsentant des deutschen parlamentarischen Systems. In der aktuellen Legislaturperiode gehört er als dienstältester Minister dem Kabinett an."

„Herr W. V. ist ein erfahrener Unternehmenslenker. Derzeit zeichnet er als Vorstandsvorsitzender für eines der größten und erfolgreichsten Unternehmen des Landes verantwortlich."

„Frau M. V. ist eine Medienfrau aus Leidenschaft – Publizistin, Digitalexpertin, Speakerin und nicht zuletzt Chefredakteurin einer auflagenstarken Tageszeitung."

Moderator: „Ich freue mich, dass Sie heute meine Gäste sind. Bühne frei für die Diskussion! Zum Warmwerden erst einmal eine kurze Einordnung des Themas."

Es folgt ein Einspieler. In sinnfreien Kombinationen aus Bildern und Text werden fragmentarisch Prototypen unterschiedlicher historischer Machtprotagonisten dargestellt. Der antike Kaiser, der feudale Herrscher, der Klerus, auch Diktatoren der Neuzeit erfreuen sich – ebenso wie Machiavelli – einer kurzen Erwähnung. Die abschließende Frage ist recht allgemein gefasst: „Und wo stehen wir heute?"

II.

Moderator: „Herr N. P., welche Leistungen und Fähigkeiten qualifizieren Sie für ihr Ministeramt?"

N. P.: „Wahlen sind das Königsrecht des Bürgers. Ich habe wiederholt das Direktmandat in meinem Wahlkreis gewonnen. Über viele Jahre und Jahrzehnte habe ich – neben der politischen Kompetenz – fachliche Einblicke als Grundlage meiner Ressortzuständigkeit erlangt."

Moderator (bohrend): „Sie waren in den letzten Jahren für drei verschiedene Ministerien zuständig. Reichen fachliche Einblicke für diese mit hoher Frequenz wechselnde, herausgehobene Verantwortung aus?"

M. V. (emotional): „Parteipolitische Ochsentour, Berufspolitiker-Biografien, Beamten-Parlament – wir kennen das seit einer gefühlten Ewigkeit. Ich bin es inzwischen leid!"

W. V. (um Ausgleich bemüht): „Tatsächlich stimmt es mich nachdenklich, dass die Durchlässigkeit von Karrierepfaden zwischen Politik und Wirtschaft nur selten gegeben ist."

N. P. (in der Defensive): „Gerade in Krisen hat sich unsere Ministerialbürokratie doch bewährt …"

Der Moderator unterbricht recht brüsk: „Die Schwierigkeit eines angemessenen Zugangs zu bedeutsamen Ämtern erscheint mir allerdings nicht nur eine Herausforderung der Politik auf nationaler Ebene. Wie sieht das denn im europäischen Umfeld aus?"

E. P.: „Mitglied der Europäischen Kommission zu werden, erfordert Verankerung in der nationalen Politik, aber auch einen breiten Erfahrungsschatz in Europa. Es sind zahlreiche Hürden zu nehmen: Die Präsidentschaft der Kommission schlägt vor, die EU Staats- und Regierungschefs haben den Vorschlag zu billigen, der zuständige Ausschuss im Europäischen Parlament wird gehört."

M. V. (gereizt): „‚Intransparent' wäre wohl der zugewandteste Begriff, mit dem man diesen Spießrutenlauf umschreiben kann. Die pure Verkettung von undurchsichtigen Entscheidungsgremien ersetzt keine demokratische Legitimation!"

Moderator (zu M. V.): „Wie stellt sich die Sachlage eigentlich bei Ihnen dar?"

M. V.: „Meine persönliche Qualifikation ist meine rastlose Neugier. Die Autorität verleiht die Reichweite unserer Produkte."

W. V. (mit höflichem Spott): „Meiner Erfahrung nach beruhen Karrieren in Ihrer Medienwelt auf drei Grundpfeilern: Dem Gehorsam bis hin zur Hörigkeit gegenüber dem Verleger, einer bis ins Grobe hineinreichenden ironischen Grundhaltung und der Kunst der rhetorischen Zuspitzung."

M. V.: „Treffend diagnostiziert. Besser als in der Wirtschaftswelt, in der sich die Eliten aus sich selbst heraus rekrutieren. War ihr Vater nicht früher in gleicher Funktion wie Sie heute tätig – sind Vorstandsvorsitze Erbhöfe eines geschlossenen Zirkels?"

E. P.: „… und das bei einer geradezu erbärmlichen Diversität in den meisten Vorstandsgremien."

W. V. (entrüstet in Richtung von N. P., E. P.): „Die Diversität in Führungsgremien ist gerade bei dem öffentlichen Sektor nahestehenden Unternehmen besonders verbesserungswürdig. Packen Sie es an!"

W. V. (immer noch entrüstet zu M. V.): „Ich habe eine jahrzehntelange internationale Ausbildung durchlaufen, um meine heutigen Aufgaben wahrnehmen zu können. Der Vorstand einer Aktiengesellschaft dieser Größenordnung wird durch einen paritätisch besetzten Aufsichtsrat bestellt."

Moderator (schnippisch): „Der Neuigkeitswert dieser letzten Aussage ist recht überschaubar. Wie dem auch sei – wir schließen damit unseren ersten Themenblock ab."

III.

Moderator: „Kommen wir zum zweiten Schwerpunkt unserer heutigen Diskussion: Welche Werkzeuge stehen Ihnen, N. P., in der Ausübung Ihrer Funktion zur Verfügung und wie stellen Sie einen zielorientierten Einsatz sicher?"

N. P.: „Als Minister bin ich Bestandteil der Exekutive dieses Landes, zu der die Regierung, aber selbstredend auch die öffentliche Verwaltung gehören. Nicht ohne Stolz will ich behaupten, dass das Gemeinwesen in Deutschland – auch und gerade im internationalen Vergleich – gut organisiert ist."

Moderator: „Der Bürger erlebt insbesondere eine ausufernde Bürokratie und einen niedrigen digitalen Reifegrad in der Verwaltung …"

M. V.: „… darüber hinaus oftmals einen über alle Maßstäbe hinauswirkenden Einfluss von organisierten Interessengruppen, Verbänden, Lobbyisten, NGOs und Beratern …"

W. V.: „… und die wichtigen Entscheidungen werden inzwischen so oder so auf europäischer Ebene oder durch die Gerichtshöfe getroffen."

Moderator (an E. P. gewandt): „Ist dem so?"

E. P.: „Europa wird im multipolaren Konzert der Weltmächte nur geeint eine relevante Rolle spielen können. Aus dieser Erkenntnis speist sich der Bedeutungszuwachs der europäischen Institutionen. Der Kommission kommt hierbei insbesondere ein Initiativrecht für neue Rechtsakte – Verordnungen und Richtlinien – zu."

W. V.: „In dieser Allgemeinheit kann man nur zustimmen. Im Gegensatz zu anderen suprastaatlichen Gebilden müssen wir nur beachten, dass Europa aus unterschiedlichsten über Jahrhunderte und Jahrtausende gewachsenen Kulturen besteht. Es gilt immer klug abzuwägen, auf welche Lebensbereiche die Brüsseler Normierungs- und Bürokratisierungsmaschine angesetzt wird."

M. V: „… zumal die Existenz einer europäischen Öffentlichkeit, die Abgabewilligkeit bei zentralen nationalen Souveränitätsrechten sowie eine Gewaltenteilung auf europäischer Ebene, die ihren Namen verdient, Fiktionen sind."

Moderator (an M. V. gerichtet): „Da wir gerade bei Ihrem Metier – dem Bespielen der Öffentlichkeit – sind: Kreist Ihr Instrumentarium nicht um die Mobilisierung der Aufmerksamkeit durch Übertreibung, Hochstilisierung von Nebensächlichkeiten und Vorurteilsrepetition?"

M. V.: „Ich gebe unumwunden zu, dass das Kultivieren von Skandalen und der Auf- und Abstiege der sie begleitenden Akteure unser Kerngeschäft ist."

W. V.: „Doch auch Ihre Einflussroutinen sind bedroht. So mancher Influencer und Youtuber erregt mit ganzheitlichen Ernährungsratschlägen mehr Aufmerksamkeit als Ihr journalistisches Wirken. Befinden Sie sich nicht in einer letzten Phase des Aufbäumens gegen die Irrelevanz? Nebenbei: Was ist eigentlich aus den journalistisch-ethischen Regeln des Pressekodex geworden?"

M. V.: „Möglicherweise teilen sie dasselbe Schicksal eines zahnlosen Tigers wie der Corporate Governance Kodex?"

W. V.: „Der Corporate Governance Kodex und damit die Standards guter und verantwortungsvoller Unternehmensführung gewinnen im Wirtschaftsleben immer mehr an Bedeutung. Im Vordergrund steht eine ausgewogene Befriedigung der Interessen der unterschiedlichsten Stakeholder für jedes Unternehmen."

M. V. (voller Zynismus): „Bizarr ist hierbei nur, dass Ihr Vorgänger als Vorstandsvorsitzender Sie im Unternehmen herangezogen hat. Und was ist er heute – es ist nicht schwer zu erraten – Ihr Aufsichtsratsvorsitzender! Wie glücklich können wir sein über diese letzten Restbestände der Deutschland AG im Abklingbecken!"

W. V. will zum rhetorischen Gegenschlag ansetzen. Der Moderator unterbricht ihn brüsk.

Moderator: „Danke für den Austausch. Leider sind viele Dinge endlich, auch unsere Sendezeit. Daher interessiert mich jetzt, ob es Reaktionen unserer Zuschauer aus dem Netz gibt."

IV.

Eine Assistentin taucht im Bild auf, die sich konzentriert mit ihrem Tablet auseinandersetzt und der gleichwohl eher eine undankbare Statistenrolle zukommt. Man gewinnt den Eindruck, dass dieser Teil der Sendung ein höheres Maß an Interaktivität vortäuscht als tatsächlich existiert.

Assistentin: „Richard (70 Jahre), Rentner aus Remagen, fragt, wie die Gesprächsteilnehmer in ihren Funktionen Rechenschaft ablegen müssen."

M. V. (nimmt sich konkurrenzfrei das Recht der ersten Antwort): „Meine Rechenschaft gilt dem Verleger und dem Leser. Meine Diskussionspartner an diesem Talktresen sind eher Diener vieler Herren, die ja bekanntlich frei sind."

N. P. (selbstbewusst): „Die Regierung unterliegt der parlamentarischen Kontrolle."

M. V. (lapidar): „Schade, dass mit der inflationär steigenden Parlamentarieranzahl nicht auch das Ausmaß der Rechenschaft gegenüber der Volksvertretung proportional zunimmt."

Moderator (zu seiner Assistentin): „Gibt es weitere Impulse für unsere Gesprächsrunde?"

Assistentin: „Beate (21 Jahre), Politologie-Studentin aus Bamberg, formuliert eher eine Feststellung als eine Frage."

Die Assistentin zitiert: „Kennen wir nicht alle das

Phänomen, dass das Gras im Garten des Nachbarn vermeintlich immer grüner ist als das eigene? Konstruktive Selbst- und Fremdkritik neigt – gerade in Deutschland – dazu, in Selbst- und Fremdzerfleischung zu mutieren. Sollten wir nicht die Solidität unserer institutionellen Basis erst einmal wertschätzen und uns dann konstruktiv über kurz- und längerfristige Entwicklungsrichtungen austauschen? Das Bessere ist der Feind des Guten."

Sichtliche Irritation und betretenes Schweigen im Studio.

V.

Moderator: „Liebe Zuschauerinnen und Zuschauer, sind Sie nicht auch meiner Meinung, dass wir eine wirklich spannende und intensive Diskussion miterleben durften? Jetzt sind Sie dran – Ihre Meinung ist gefragt! Welche Macht, die wir heute erlebt haben, wird am gerechtesten erlangt, ausgeübt und kontrolliert?"

Im Folgenden erläutert die schon vom Sendungsbeginn vertraute Stimme aus dem Hintergrund, wie die erforderliche Voting App herunterzuladen ist, dass jede Machtkategorie anhand eines Notensystem von 1 (sehr gerecht) bis 6 (sehr ungerecht) zu beurteilen sei, dass Mehrfachabstimmungen systemtechnisch ausgeschlossen werden und dass die Ergebnisse nach kurzen Programm- und Verbraucherhinweisen bekanntgegeben würden.

Nach der Werbeunterbrechung – zurück ins Studio: Die Kamera fängt stoische Gesichter ein, die professionell versuchen, die Erschöpfung und Nervosität zu überspielen.

Moderator: „Liebe Teilnehmerinnen und Teilnehmer unserer heutigen Runde, in all Ihren wichtigen Rollen gehört eine gewisse Immunität gegenüber öffentlicher Kritik zum unabdingbaren Handwerkszeug. Sie werden sie in unterschiedlicher Ausprägung benötigen."

Der Moderator stellt das seitens der Zuschauer erteilte Zeugnis prägnant anhand eines einfachen Balkendiagramms dar.

Moderator: „Somit kommen wir zum Abschluss unserer Sendung. Hierbei soll Versöhnliches und Verbindendes im Vordergrund stehen. Wenn Sie Gelegenheit hätten, mit einem der anderen Akteure der heutigen Sendung einen ausgiebigen Strandspaziergang zu machen, wen würden Sie wählen?"

Die Kreativität der Gesprächsteilnehmer erscheint endgültig erloschen. Jeder hofft auf die Initiative des anderen. M. V. ringt sich zu einer Antwort durch: „Das liegt doch auf der Hand – mit Beate aus Bamberg!"

Erleichtert schließt sich die gesamte Diskussionsrunde dieser Wahl an.

Der Moderator beendet die Sendung mit bestem Dank an alle Beteiligten und einem kurzen Hinweis auf die nächste Ausgabe in einer Woche.

Verlies

I.

Die Gründung seines Unternehmens lag schon viele Jahre zurück. Es war eine intensive, lehrreiche und vom Idealismus angetriebene Zeit gewesen. Die Leidenschaft hatte im Vordergrund gestanden, die Gesellschaft im Allgemeinen mit innovativen digitalen Leistungsangeboten zu verbessern.

Er konnte es nicht präzise nachvollziehen, zu welchem Zeitpunkt im Verlauf seiner unternehmerischen Biografie die Metamorphose seiner Motivationswelt stattgefunden hatte.

Mit der Reifung hin zu einem der größten globalen Technologiekonzerne hatte der unbedingte Wille, sein Unternehmen und damit sein Lebenswerk durch permanenten Zuwachs an wirtschaftlicher und gesellschaftlicher Potenz zu sichern, die Oberhand gewonnen.

Es war gut gelungen – nicht ohne Selbstzufriedenheit blickte er aus dem Fenster in Richtung der nahen

Küstenlinie. Der Börsenwert seines Konzerns überstieg inzwischen das Bruttoinlandsprodukt respektabler mittelgroßer Länder Europas. Zusammen mit einer Handvoll anderer, in einem kooperativ-wettbewerblichen Verhältnis stehender Unternehmen dominierte er die digitale Wirtschaft.

Trophäen hatten ihm schon immer viel bedeutet – seien es Pokale bei privaten Golfturnieren oder sogenannte Tombstones für gelungene Unternehmenstransaktionen. Sie gaben ihm ein Gefühl der Selbstgewissheit und Sicherheit. Aus diesem Grund hatte er sich entschieden, ein privates Kellergeschoss für besonders intime Inhalte unterhalb des Hauptkomplexes der Unternehmenszentrale zu errichten.

Er schlenderte aus seinem Büro durch die offen gestalteten, lichtdurchfluteten Arbeitswelten des Hauptgebäudes innerhalb eines parkähnlich angelegten Campus. Analoge Schlüssel und physische Karten wurden unternehmenskulturell als anachronistisch angesehen; sämtliche Türen ließen sich – bei entsprechender Berechtigung – mit auf dem Smartphone in der Wallet integrierten digitalen Mitarbeiterallzweckkarten öffnen.

Das Kellergeschoss bildete jedoch eine Ausnahme. Der Zutritt war nur durch eine unscheinbar gelegene Tür mit dem äußerlichen Charme des Eingangs zu einem Technikraum möglich. Ausschließlich die oberste Leitungsebene und einige Wachbedienstete hatten das Privileg der Möglichkeit zur Begehung.

Er steckte den Schlüssel in das Schloss eben jener Tür, trat ein, und zog sie zügig hinter sich zu. Die ihn umgebende Dunkelheit bildete einen scharfen Kontrast zu der sonnigen Helligkeit, die er gerade hinter sich gelassen hatte. Er tastete nach dem Lichtschalter, betätigte ihn, und sah die nach unten führenden Stufen aus teilweise bröckelndem Sandstein vor sich. Bedächtig folgte er der Treppe abwärts in das Verlies.

II.

Als er die letzte Stufe hinter sich gelassen hatte, öffnete sich der Blick auf einen langen, spärlich erleuchteten Gang, an den links und rechts in regelmäßigen Abständen kleine Zellenräume angrenzten. Er näherte sich der ersten Zelle linkerhand. Durch die massive Stahltür erlaubte nur eine kleine vergitterte Luke den Blick in das Innere.

Insasse und Gefangener dieser Zelle war der Wettbewerb. Er kauerte sitzend mit zusammengekrümmtem Oberkörper auf einer schmalen Pritsche. Sein Gesicht hatte er niedergeschlagen in seinen Händen auf den Knien vergraben. Es war kaum möglich, sich ein Bild größerer Hoffnungslosigkeit und Ermattung vor seinem geistigen Auge zu erschaffen.

Der Wettbewerb war ein leidprobter Geselle. Der freie, unregulierte Markt hatte immer wieder Phänomene geboren, die ungesunde Konzentrationen mit sich gebracht hatten. Es war ein stetig wogender Kampf gewesen, in den verschiedenen Märkten und Branchen ein produktives Gleichgewicht zu bewahren oder herzustellen. Staatliche Institutionen waren hierbei mal Fluch, aber oftmals auch Segen; Kartellämter betrachtete er als seine Leibgarde.

Doch die jetzige eingekerkerte Lage erschien ihm an Aussichtslosigkeit nicht zu übertreffen. Mit dem Argument der Durchlässigkeit und Convenience aus Nutzersicht hatte der Digitalkonzern ausschließlich die Verwendung eigener Produkte auf seinen Geräten ermöglicht und dies gleichzeitig geschickt verschleiert. Nur vermeintlich objektive Suchmaschinen und Algorithmen unterstützen die Unternehmensinteressen. Wo es zarte Pflänzlein der möglichen Konkurrenz gab, tat eine aggressive Akquisitionspolitik ihr Übriges.

Die Grundlage eines nahezu unüberwindlichen Monopols war geschaffen. Auch wenn die Erkenntnis über diese Sachverhalte zunehmend in das gesellschaftliche Bewusstsein eindrang, so fehlte es doch an international einsetzbaren Instrumentarien. Auch seine traditionellen Unterstützer der Kartellvermeidung erzielten gegen die hoch aufgerüstete Übermacht allenfalls Randerfolge.

Zufrieden schloss der Unternehmer die Luke zu der Zelle und schaute neugierig in die nächste.

III.

Die zweite Zelle wurde von der Geschäftsethik bewohnt. Sie stand kerzengerade in einer Ecke und schaute direkt und leicht provokativ in Richtung der kleinen Öffnung in der Tür. Ihre Haltung strahlte selbstbewusste Unbeugsamkeit aus.

Sie hatte in den vergangenen Jahrzehnten schwierige Phasen zu durchleben und Herausforderungen zu meistern gehabt. Lange Jahre verbrachte sie in Haft der Finanzwirtschaft, die in Teilen frei von jeglichem moralischen Kompass agiert hatte. Gerade als sie die berechtigte Hoffnung einer flächendeckenden Rückbesinnung auf ehrbare kaufmännische Werte entwickelt hatte, musste sie eine Gefangenschaft bei einigen Automobilkonzernen erleiden, die gesellschaftliche und politische Regulierungen als Aufforderung zur Umgehung begriffen hatten.

Jetzt hatte ihr also ein Gigant der Digitalwirtschaft die Freiheit genommen. Die Diskrepanz zwischen der Fankultur bei den Kunden auf der einen Seite und der oftmals rüden Geschäfts- und Verhandlungspraxis im unternehmerischen Alltag auf der anderen Seite hatte sie schon immer abgestoßen und fasziniert zugleich. Keine anderen Organisationen konnten es, mit Blick auf den Einsatz von Heerscharen an munitionierten Rechtsgelehrten und Lobbyisten, mit den Digitalkonzernen aufnehmen. Die regelmäßig wiederkehrenden Datenskandale komplettierten das Bild.

IV.

Als nächsten dauerhaften Insassen erkannte er einige Schritte weiter in der dritten Zelle die menschliche Konzentration. Hektisch, fast fieberhaft lief sie ohne erkennbares Wegesystem auf und ab. Ihre Blicke flatterten und bisweilen schien sie grundlos auf nicht-existente Vorgänge an den Wänden aufmerksam zu werden; dann rannte sie auf den vermeintlichen Ort des Geschehens zu, nur um kurz danach wieder davon abzulassen.

Die menschliche Konzentration hatte in den letzten Jahrhunderten eine vergleichsweise kontinuierliche Entwicklung genommen. Natürlich gab es Variationen in der Ausprägung dieser Eigenschaft bei unterschiedlichen Individuen. Dass sie sich jemals in einer derart misslichen Situation wiederfinden würde, hätte sie aber niemals vermutet.

Sie hatte das Gefühl, dass die ständige Verfügbarkeit von digitalen Begleitern ihr schrittweise die Geschäftsgrundlage entzog. Zu Beginn hatte sie die sich entwickelnden Geräte wenig beachtet. Jetzt stellte sie fest, dass die Aufmerksamkeitsspanne und Konzentrationsfähigkeit ganzer Bevölkerungsteile nachhaltig beeinträchtigt wurde. Die tiefe Sorge, dass sie Zeitzeugin einer neurobiologischen Revolution zu ihren Lasten war, ließ ihr keine Ruhe.

Gleichgültig wandte sich der Unternehmer der nächsten Zelle zu.

V.

In diesem Raum saß die Autonomie ein, die Fähigkeit des Menschen zur selbstbestimmten Entscheidung. Sie vegetierte in Bauchlage auf ihrem kargen Bett dahin. Hätte man nicht bisweilen kleinere Atembewegungen wahrgenommen, so hätte man sie auch für leblos erachten können.

Sie hatte eine bewegte Geschichte zu verzeichnen. Perioden der Eigenbestimmtheit folgten – zumindest für manche Gruppe – auf Phasen der Fremdbestimmung. Mit den neuzeitlichen Tendenzen und den sich entwickelnden Gesellschaftsformen hatte die Autonomie an Zuversicht gewonnen, dass ihre selbststimmte Rolle im menschlichen Denken und Willensbildungsprozess an Bedeutung gewinnen würde.

Sie hatte nicht erwartet, welchen Einfluss die digitale Welt entwickeln würde. Statt einer offenen Fremdbestimmung – wie schon häufiger historisch anzutreffen – entwickelte sich eine raffinierte Form der unsichtbaren Fremdbeeinflussung. Kein digitaler Kontakt, keine gespeicherte Aktivität, die nicht für eine systematische Profilerstellung genutzt wurde. Individualisierte Beeinflussungsmechanismen, die eigene Meinung bestärkende Nachrichtenselektionen und ausgefeilte Belohnungs- und Verführungssysteme hatten eine neue Unmündigkeit geschaffen. Ihr Optimismus, eine Trendumkehr zu erzielen, war nahezu erloschen.

VI.

Zufrieden blickte er auf den sich noch weiter im Halbdunkeln erstreckenden Gang. Einige Zellen waren noch frei. Er drehte um und stieg langsam die Treppe in Richtung des Ausgangs hinauf. Auf halber Höhe wurde die Tür geöffnet. Im Gegenlicht konnte er das Geschehen oberhalb nur schemenhaft erkennen. Es waren zwei Wärter, die eine neue Gefangene hineinführten. Er glaubte, es sei die Demokratie, die dort an der Schwelle zum Verlies stand.

WAHRHAFTIGKEIT

I.

Ihre Freundschaft reichte mehrere Jahrzehnte bis in die Schulzeit zurück. Auf einer möglichen Suche nach Belegen für die These, dass sich gegensätzliche Charaktere anziehen, wäre man bei ihrer Beziehung fündig geworden – der eine vorwiegend sachorientiert im Denken und Handeln, der andere eher emotional und spontan.

Über die Jahrzehnte hatten sich ihre persönlichen Lebenswelten naturgemäß gewandelt. Die jeweilige familiäre Einbindung und der berufliche Alltag brachten das Risiko einer schrittweisen und unbewussten Distanzierung mit sich. Dem wollten sie aktiv entgegenwirken und setzten sich mit der Frage auseinander, was eigentlich das Bindende und Vereinende in ihrer Freundschaft war. Sie fanden: das Gespräch.

Während andere als touristische Abstecher vielleicht das gemeinsame Radfahren bevorzugten, kultivierten sie das Format von gemeinsamen Gesprächsreisen. Es war eine von beiden wertgeschätzte Tradition geworden, die sie diesmal für ein Wochenende in das Alpenvorland führte.

Nach einem längeren Spaziergang saßen sie auf einer in die Jahre gekommenen, aber gleichwohl bequemen Holzbank mit einem wunderschönen Blick auf den sich unterhalb vor ihnen erstreckenden Bergsee. Das Panorama im Hintergrund des Sees spiegelte sich im Wasser und trug maßgeblich zu der friedlichen und respektvollen Atmosphäre bei.

Sie stimmten darin überein, dass dies die ideale Umgebung für ihren heutigen gemeinsamen Diskurs zum thematischen Schwerpunkt der Wahrhaftigkeit darstellte. Gewohnheitsgemäß wendeten sie in ihren Gesprächen eine disziplinierte Rollentrennung in einen ausschließlich fragenden beziehungsweise einen antwortenden Akteur an.

II.

Was bedeutet Wahrhaftigkeit für dich persönlich?

Nichts Intimeres vermag ich mir vorzustellen als die Wahrhaftigkeit. Sie existiert, lebt und entwickelt sich in der Verbindung, in der Beziehung und im Dialog mit mir selbst. Dabei fordert mich ihr schonungsloser Anspruch nach Transparenz, Durchsichtigkeit und Klarheit über mein eigenes Ich in all seinen Ausprägungen. Nur auf Grundlage dieser Selbsterkenntnis und laufenden Ich-Observation ist das Streben nach Wahrheit und Ehrlichkeit sowohl im Denken als auch im Handeln ein zweckmäßiges Unterfangen.

Nimmt sie damit gleichsam eine Spitzenposition in der Tugendhierarchie ein?

Sie hat einen elementaren, querschnittlichen und prägenden Charakter. Die Wahrhaftigkeit umfasst etwas, das ich – unter Nutzung eines leider jüngst inflationär verwendeten Modebegriffes – als ethische Haltung zum eigenen Wesen bezeichnen möchte, wohingegen gewöhnliche Tugenden – schon etymologisch von Tauglichkeit abgeleitet – eher spezifische charakterliche Fertigkeiten darstellen. Wer würde bestreiten, dass kardinale, ritterliche oder preußische Einzel-Tugenden nicht dieselbe Universalrelevanz in sich tragen wie die Wahrhaftigkeit? Auch erachte ich die Sperrigkeit des gegenteiligen Begriffs der Unwahrhaftigkeit als einen geeigneten Indikator für die herausgehobene Bedeutung.

Wie darf man sich diesen inneren Dialog bei dir ausmalen?

Es ist ein permanentes Streben, die eigenen Gedanken, Gefühle und Handlungen im Sinne eines Maßstabes der bestmöglichen individuellen Objektivität zu verstehen und auf dieser Grundlage verstellungsfrei zu transportieren. Von hohem Belang erscheint mir auch, dass die Wahrhaftigkeit ein zutiefst dynamisches Phänomen ist und die permanente Bereitschaft beinhaltet, die eigenen Motivationen und Urteile einem Falsifizierungs- und Lernprozess zu unterstellen. Ich will nicht verhehlen, dass dieses Unterfangen bisweilen kräftezehrend sein kann. Die übermenschlichen Anstrengungen eines durchgängigen inneren Aufmerksamkeits- und Wahrhaftigkeitsdiktats gilt es zu vermeiden. Ich empfinde hierbei zweierlei als förderlich: Zum einen hege ich die Überzeugung, dass mit Blick auf das eigene Sein und Wirken diese Mühen gut eingesetzt sind, da ansonsten an anderen Stellen kompensatorische Anstrengungen in ungleich höherem Umfang erforderlich würden. Zum anderen gilt es, einen angemessenen Rhythmus und Formate zu finden, die gleichzeitig Reize setzen und Entspannung ermöglichen.

Die Profession der Ratgeberautoren wächst unaufhörlich. Hättest du Ambitionen?

Da ich mir meiner eigenen Begrenzungen sehr bewusst bin, freue ich mich über den Erfahrungsaustausch, bin jedoch nicht so vermessen, den Anspruch eines Beratenden zu erheben. Ich beobachte die Entwicklung mit hoher Ambivalenz. Es ist sicher nicht von Nachteil, dass Konstrukte wie Achtsamkeit und Resilienz in das Bewusstsein einer größeren Zahl an Menschen rücken. Die bis hin zur Scharlatanerie reichenden Auswüchse stellen allerdings gewichtige Kontrapunkte dar.

III.

Welche Rolle spielen Emotionen?

In einer äußerst rationalistischen Auslegung könnte man versucht sein zu argumentieren, dass Emotionen und Wahrhaftigkeit nur begrenzt kompatibel sind – in einer extremen Ausprägung sogar, dass emotionaler veranlagte Menschen weniger wahrhaftig seien. Das trifft natürlich in keiner Weise zu. Entscheidend ist, ob der Mensch sich seiner Gefühle, deren zugrundeliegenden Auslöser sowie der Wirkungen eines möglicherweise daraus resultierenden Verhaltens gewahr ist.

Können emotionale Impulse positiver und negativer Natur aber nicht widersprüchlich zu einem auf Wahrhaftigkeit beruhenden Verhalten wirken?

Mir scheint, dass eine selbstreflektierte Beziehung zur eigenen Person idealtypisch mit der Zwangsläufigkeit verbunden ist, dem Äußeren – seien es andere Menschen, das natürliche Umfeld, Gegenstände – im Grundsatz mit wertschätzendem Respekt zu begegnen. Das mag etwas idealistisch erscheinen; ungeachtet dessen spiegelt es meine persönliche Erfahrung wider.

Zweifelsfrei agiert jeder Mensch oftmals affektiv, bisweilen auch verletzend. Auch bedeutet Wahrhaftigkeit nicht die gottgleiche Abwesenheit von Lastern und Lüge. Dennoch hat das Bewusstsein des eigenen Ichs präventive und heilende Wirkmechanismen, indem vorab möglichen cholerischen Reaktionen vorausschauende Grenzen gesetzt werden und eine erhöhte authentische Bereitschaft für emotionale und solidarische Angebote in Richtung der Außenwelt besteht.

Welche Anforderungen ergeben sich hieraus für Entscheidungsprozesse?

Das Treffen von Entscheidungen oberhalb einer gewissen Relevanzschwelle erfordert unter dem Anspruch der Wahrhaftigkeit die Transparenz und damit die Sensibilität hinsichtlich dreier Perspektiven. Traditionell kommt natürlich der strukturierten Erfassung und Aufbereitung von Handlungsalternativen und deren möglichen Konsequenzen eine hohe Bedeutung zu. Darüber hinaus ist es wichtig, die Durchsichtigkeit des inneren Ziel- und Bewertungssystems sicherzustellen. Einen Mangel erkenne ich oftmals beim dritten Blickwinkel – der Berücksichtigung der konkreten Entscheidungssituation beispielsweise in emotionaler oder gruppendynamischer Hinsicht. Häufig hilft die Testfrage: Würde ich denselben Entschluss unter anderen situationsbezogenen Umständen in gleicher Art fassen?

Wie stellt sich das bei der Beziehung zweier Menschen in einer Partnerschaft dar?

Neben der hiermit vorausgesetzten Zuneigung und Anziehung zweier Menschen besteht gerade der partnerschaftliche Alltag aus zahlreichen Anlässen, bei denen die schon in individueller Hinsicht hohen Anforderungen an Entscheidungsprozesse im Miteinander noch potenziert werden. Umso bedeutsamer ist es, die drei Transparenzperspektiven gemeinschaftlich vor Augen zu haben und zu gestalten; Empathie und Kommunikation sind die wesentlichen hilfreichen Begleiter.

Welche Rolle spielt die Wahrhaftigkeit im spirituellen Kontext?

Sie ist vereinbar und steht nicht im Widerspruch zu den unterschiedlichen spirituellen Offerten, zum Beispiel der Religionen. Sie bedarf derer allerdings auch nicht. Insofern hat sie einen agnostischen Charakter.

IV.

Ist Wahrhaftigkeit förderlich für gute Führung?

Meine persönliche Überzeugung und Erfahrung erlaubt nur ein entschiedenes Bejahen dieser Frage. Der konsistente, durch die Wahrhaftigkeit ermöglichte Einklang des eigenen Ichs, des Denkens und des Handelns strahlt von Führungspersönlichkeiten ab und findet seinen Resonanzboden in den jeweiligen Organisationen.

Auch werden derartige Protagonisten intuitiv darauf hinwirken, eine vergleichbare innere Konsistenz auf institutioneller Ebene zu ermöglichen. Das heißt, dass organisationskulturelle Aspekte – so beispielsweise das bedauerlicherweise auf Neudeutsch mit dem Begriff des „Purpose" umschriebene Konstrukt – eine hohe Synchronität zu rationaleren Elementen wie den Strategien und Zielen aufweisen.

Darüber hinaus wird man ein hohes Bestreben voraussetzen können, die Institutionalisierung von Entscheidungsprozessen und fehlerkulturellen Mechanismen mit bestmöglichem Anspruch umzusetzen. Das beginnt bei der Demut gegenüber der eigenen Rolle und Vergänglichkeit in der Organisation, durch die Führung als Dienstleistung gegenüber dem System verstanden wird und strukturierte Nachfolgeplanungen selbstverständlich erscheinen.

Stellt im öffentlichen Raum nicht zunehmend auch die Abwesenheit von Wahrhaftigkeit ein explizites Gütesiegel und Mobilisierungsinstrument dar?

Wir alle haben wahrscheinlich namhafte Negativbeispiele dieses Phänomens vor Augen. Konkrete Einzelpersonen beiseitelegend ist im Besonderen besorgniserregend, dass spezifische mediale und gesellschaftliche Wirkungsketten diese einschlägige Entwicklung an Bedeutung gewinnen lassen. An dieser Stelle hilft kein Lamentieren – ein jeder, der diese Erkenntnis gewonnen hat, hat damit auch die Verpflichtung erlangt, diesen Trends mit einem an Wahrhaftigkeit orientierten Denken und Handeln entgegenzuwirken. Umso mehr habe ich mich gefreut, dass wir diesen Dialog geführt haben.

V.

Inspiriert liefen die beiden Freunde auf einem Waldweg leicht oberhalb des Sees zurück zu ihrem Berghotel, gliederten sich dabei ein in den Strom der anderen Wanderungsrückkehrer und freuten sich auf eine gemeinsame abendliche Brotzeit. Vielleicht, dachten sie, würde es sich anbieten, diese Gedanken zu gegebener Zeit einmal zu Papier zu bringen.